老後の運命は54歳で決まる!

第二の人生で成功をつかむ人の法則

櫻井秀勲
Hidenori Sakurai

きずな出版

はじめに――

責任感が老後の運命を変える!

世間は「100歳時代がやってきた」という話で盛り上がっています。

昭和初期には平均寿命が50歳に満たなかったことを思うと、驚くべき変化ですが、それだけに私たちのほうが「**どう生きていけばいいのか**」と遅れをとっている気がします。100歳は別格としても、90歳までは平均寿命が伸びることはたしかでしょう。あなたはその寿命に対して、準備は完了しているでしょうか?

平均寿命が伸びるのはプラスに思えますが、そう単純ではなさそうです。60歳~65歳くらいまで働いたあと、25年から30年間ほど、仕事なしで過ごさなければならないのです。それでも健康なら何とかなるかもしれませんが、他人の介護を受けながら生きるのではつらいものがあります。

すでに若い女性の中には、どんなに好条件でも「大酒と煙草《たばこ》から縁が切れない男性とは絶対結婚しない」とはっきりいう人がふえてきました。老後の防御体制としては賢い選択です。

これからは政府も企業側も、個人の面倒は見きれないでしょう。ある年齢から、私たち自身がわが身を守らなければなりません。

そこで大事なのは、「ある年齢」とは一体何歳なのか、という点です。ほとんどの人は、この年齢を「定年の5年前」と考えてきたようです。定年を60歳とすると、55歳から少しずつ準備を始めるということです。**つまり働かない引退生活です。**

平均寿命が80歳以下の時代であれば、それで何とかなりましたが、あまりにも長い老後生活となると、それでは間に合いません。90歳、100歳まで生きるとなると、もう一度改めて働かないと生活が維持できないからです。

私は20歳から60歳を前半生、60歳から100歳を後半生と考えました。そして**前半生のピークである40歳から後半生を考えはじめ、決断力のつく54歳で後半生をどう生きるか決めて、新しく働く第一歩を踏み出すべきだ**、としたのです。

これは私自身の生き方であり、いい加減な空想ではありません。

私は54歳で小さな事務所をオープンしました。私と女性社員ひとりのささやかなスタートでしたが、この決断によって、88歳でも、まだ現役の経営者でもあり、作家として活躍できているのです。

簡単にいえば、責任感が私を元気にさせたのです。**たった1人でも社員がいてくれたおかげで、私に責任感が発生したのです。**恐らく前の会社にい続けて引退生活に入ったら、いま頃は間違いなくあの世です。いまでは10人以上の社員に責任をもっているので、そう簡単に死ぬことはないでしょう。

責任感を抱くことが健康年齢を伸ばすのです。女性のほうが長く生きるのも、夫や子ども、犬や猫に責任を抱きつづけるからではないでしょうか？　男たちは定年なり引退なりすることで、責任感を失いやすいのだと思います。

さあ、第二の人生のスタートを切りましょう！

著者

第3章 75歳まで健康に仕事を続けるコツ

第4章

なぜこの人の生き方は老いないのか？

第5章

これは要る！ それは要らない！

第6章 いまならまだ変えるチャンスが残っている

第7章 自分の性格の基礎を知っておこう

第8章

第二の人生は人脈が重要

第9章

自分の資源を徹底的に生かす

最終章

54歳から生活を急上昇させる毎日

ブックデザイン　池上幸一
イラスト　岡田真一
校正　鷗来堂

第1章

いまなら間に合う後半生のつくり方

自分の後半生は変わらないのか？

多くの人は50歳を過ぎると、もう自分の後半生の運命は決まった、と思いがちです。

いや、もう決まったと、半分あきらめているのではないでしょうか？

しかしそれは早過ぎます。

あきらめの早い人は大企業にいる人が多いようです。同じ仕事をしている同年代の社員が多く、退職金で老後生活をどうするかという話に花が咲くからです。

ところが小さい会社の従業員になると、退職金もそれほど高くないため、あきらめようと思っても、そう簡単ではありません。食いつないでいかなければならないので**「定年後は人生を変えよう」**と必死になるはずです。

ここで、大企業にいた人と中小企業で働いてきた人が、逆転するかもしれません。

大企業組の人たちほど消極的になり、中小企業組ほど積極的になるからです。

多くの人は老齢に入ると、退職金も含めて自分の生活費を計算します。

するとギリギリのところで、何とか暮らせるように思うはずです。退職金、年金、企業年金、株式、貯金などを加えると、相当な金額になるので、贅沢さえしなければ、夫婦2人ならやっていける、と考える人が多いのです。

実際それでやっていける人もいるでしょう。しかしそれは毎日毎日、何の面白みもない日を過ごすということなのです。つまらない老後、といっていいかもしれません。

なぜつまらないかというと、人間は前半生で誰でも上がったり下がったりの運命を経験し、特に下がった人生が、上がったことで元気をもつのです。

つまらない老後生活を送ると、自分の運命は下がりっぱなしになります。それは当然で、健康も少しずつ低下しますし、生活レベルも下がりつづけます。

すると、自分のことではなく、孫や犬猫の元気さで代償満足を得ようとするでしょう。さらに草花、植木などの成長に期待するようになります。

くせに表れる性格①　寝る姿勢

上を向いて寝る男は、無防備で無神経。結婚していれば心臓を下に、妻と向かい合う寝方が最高。布団にもぐりこむ男は気が小さく頼りない。

定年後の同窓会になると、それらの写真をもってきてみんなに見せびらかします。そんな男女が何人も出てくるのです。

これらの人たちは何十年前の名刺を後生大事にもっています。俳句、短歌の会になると「私は元××会社の部長で……」と、その当時の名刺を出す人もいるくらいです。

これらの人たちは、定年後は「運命は下がりつづける」ものと考えています。そして**この考え方だと、下手をすると認知症になりかねません。**

私はそういう友人、仲間を大勢見てきました。こうなる理由はたった1つ、54歳の時点で「老後の金銭生活」を計算しはじめるからです。老後の金銭生活を考えるのは、74歳からでなくてはなりません。

ポイント

「定年後の人生を変える」と決意しよう

54歳は壮年期でもっとも重要な年齢

以前であれば高齢者は長寿者と呼ばれ、自治体から金一封でお祝いされたものです。しかしいまはどうでしょう？　私の場合は88歳の米寿といっても、区長から祝いの手紙と幼稚園児の描いた、小さなかわいらしい絵が贈られてきただけです。

私はまだ現役で、毎日会社に出勤していますし、土日は原稿を書いています。３６５日働いているといっても過言ではありません。

20年以上前、65歳当時も似たような生活をしていたときは、周りの人々から異常人扱いをされていました。「働くだけでなく、休む生活も大事で、そのために定年があるのではないか」と説教されたほどです。

しかしいまはどうでしょう。そういっていた友人や仲間のほとんどは「櫻井の生活

くせに表れる性格②　歩き方

うつむき加減に歩く人は小心者。反り身で歩く人は、不満を抱いている。足を引きずる男は性格が卑しい。足音を立てない男は出世しにくい。

がうらやましい」といいます。これは、

(1)定年後も元気で働きつづける
(2)行政や家族の世話にならない
(3)死ぬまで自分で生活費を稼ぐ

という覚悟が必要になってきた、ということです。もちろん、それができない人も多いのが現実です。だからこそ、働ける人はその分も働かなければならないのです。

この考え方がなぜいいかというと、減価型ではないからです。家族の中で「必要ない人間」と思われたら、その日からノイローゼになるし、精神を病むようになります。もしかすると、いまのあなたの老後観では家族から必要ない人間と思われかねません。

私が「54歳が運命の分岐点」といったのは、少し深い年齢観があります。**医学的、社会学的に見ると、人間は20歳毎に成長しているようです。**0歳は少年期、20歳は青年期のスタート、40歳は壮年期の始まり、60歳は高齢期の入口、80歳は最終期への入口です。いわばこれらの年齢は、それぞれの期の赤ちゃんといえるでしょう。

わかりやすく「0歳の少年期」を考えてみましょう。少年期の卒業は19歳です。この時期はもうほとんど少年期として完成しており、半分は青年期の入口に差しかかっています。（拙著『子どもの運命は14歳で決まる！』小社刊参照）

この少年期の14歳の時点が独り立ちする年齢です。中学2、3年の時期、ここでしっかりした人間にならないと、人間としての基礎ができません。同じように20歳で青年期に入ると34歳の時点で、自分の立ち位置を決めなければなりません。（拙著『運命は35歳で決まる！』三笠書房刊参照）

ここで35歳が非常に重要になるのです。そして40歳の壮年期の赤ちゃんになると、りっぱな壮年として54歳（40歳＋14歳）が最重要な年齢になります。この**54歳の考え方、生き方、仕事の仕方が、自分自身の老後を決める**ことになるのです。

ポイント

定年後も自立すると覚悟を決める

最期のときまで働く姿勢を示す

仮に54歳でまだ生活がぐらぐらしていたり、積極的に生きるべきか、消極的な高齢者になるか、まったく決められないようなら、高齢期から最終期への数十年間は、相当苦労すると思わなければなりません。

これは男でも女でも同じです。たとえば高齢期に入ってパートナーが亡くなったと仮定します。このとき、以後の生活を独身《ソロ》で過ごすのか、もう一度パートナーを必要とするのか。これをいい加減にすると、むずかしいことになります。

なぜなら、**「どこで暮らすのか」**の問題とかかわるからです。独り暮らしで行くなら、高齢者用マンションなどの準備が必要になるかもしれませんし、最後までパートナーが欲しいなら、貯金より仕事をもつほうが大事、とも考えられます。

たとえば小さくても、食べもの屋をやっていたとします。この店をどうするか、60、70代になってから決めるのでは、遅いかもしれません。**54歳の時点で、高齢期、最終期の自分の生き方を決めておくほうが安全です。**

私は54歳で小さな事務所をもったとき、80歳まで仕事をつづける気でした。

それはユングの「生涯発達理論」に触発されたからです。カール・グスタフ・ユングはスイスの深層心理学者でしたが、彼は人の一生を太陽信仰になぞらえて「**40歳を人生の正午**」と呼んだのです。

彼の場合は、人生を日の出から日没までの4期に分けて、少年期、成年前期、中年期、老人期としています。そして40歳を人生の正午とし、80歳で死ぬと考えました。私の理論と似ていますが、私が若い頃からユング心理学の信奉者だったからです。

彼もまた、死ぬまで働きつづけるという考え方の持ち主でした。わざわざレンガ職人の資格まで取って、86歳で死ぬまで、家のあちこちを修理しつづけたといわれます。

私はこのユングの実行力を見習って、死の当日まで、何らかの形で働きたいと思っ

くせに表れる性格③　対面法

目と目を合わせない人は、ウソをつきやすい。身を乗り出すように話を聞く人は積極的。いつも椅子の背にもたれる人は、消極的。

ています。

私はもともと小説担当の編集者でした。有名作家の多くは、病気になると、病室に資料と原稿用紙を持ち込んでいます。ペンを持てなくなったら、夫人に口述筆記をさせています。脇から見ると壮絶な最期と思ってしまいますが、本人にはそれが作家として当然の責務だったと思います。

仕事によっては病室まで働く材料を持ち込めませんが、それでも**看護の人の手を借りずに、自分でやることはやる、という気持ちをもつ**ことができます。

これは私の最終期のイメージですが、誰でも明日の自分の姿から死を迎える姿まで、見る気になれば見れるのです。

ポイント

自分の最期のときの生き方を決めておこう

健康寿命は意外に早く終わる

多くの人は、54歳から先の生き方を考えるとなると、暗い気持ちになってしまいます。自分の老化した姿を想像してしまうからです。でも私はそうではありません。いままでも私は20年、30年先の社会変化を考えています。

私自身が54歳で物書きになったとき、最初に『女がわからないでメシが食えるか』(サンマーク出版刊)という1冊を書きました。これは「女性の変化を見ていくと、次の時代がわかる」という考え方をまとめたものでしたが、意外に好評で、これによって全国各地から、講演を頼まれるようになったのです。

すると不思議なことに、これまでよりぐっと健康になったのです。全国各地を飛び回り、毎回90分ほどしゃべっていると、声は大きくなり、脚力が増し、食欲も旺盛に

くせに表れる性格④　ウソのサイン

唇をなめる、突然汗が吹き出すのは警戒。ウソをつきつづけると体の表面が乾くため、水分を補給しようとする。涙も同じ。

なったのです。なによりも**自分自身の存在に自信をもつ**ようになったのが、大きかったと思います。

すると自分の前途を明るく考えるようになったのですから、不思議なものです。それまではきょうだいは何歳で死んだかを考え、すると自分も65〜70歳であの世行きかなどと、縁起でもないことばかり考えていました。

もしかすると、私と同じように考える人は多いのではないでしょうか？　しかし現在は、そう簡単に死なせてくれません。**平均寿命が長くなり、死にたくても死ねない、苦しい時代になってきたのです。**さらにまずいことに、男女とも認知症がふえつづけています。いわゆる健康寿命が意外に早く終わってしまうのです。

現在、厚労省から発表されている資料を見ると、健康寿命は男性71・19歳、女性74・21歳です。しかし平均寿命はそれぞれ80・21歳、86・61歳ですから、要介護の期間は男性9・2歳、女性12・4歳となっています。

60歳の高齢期に入り、14歳という一人前になる年齢を加えた74歳には、女性でも健

康寿命が終わってしまうのです。このことをしっかり、頭と身体に刻みつけておかなくてはなりません。

男たちの平均像は、71歳で介護老人になってしまうのです。もっともこの介護の中には、がん患者なども入っており、認知症患者ばかりではありません。

私がこれまで見ているところでは、そうなることを知らない方も多いようです。知らないというよりは、考えないようにしているのかもしれません。

しかし必ず現実はやってきます。むしろ54歳の運命変換点で「積極的に生きるんだ!」という覚悟を決めるのはどうでしょうか?

できることなら、サイドビジネスを持ちましょう。「サイドビジネスなどもつ必要がない!」というのであれば、前途は洋々です。

ポイント

健康のためにもサイドビジネスをもっておこう

異性を引きつける香りが長生きの理由

あなたは身体からフェロモンが出ていますか？

「フェロモンって何だ？」というようでは、健康寿命は短いかもしれません。フェロモンとは動物の個体が体外に放出し、同種の他の個体に影響を与え、誘引する物質のことをいいます。

簡単にいえば異性を誘う香りですが、男性は女性の発するフェロモンにより性的に興奮しますし、女性は男性の汗の香りの中に、このフェロモンを感じるといわれます。

近頃は女性が男性化しつつあるため、このフェロモンが少なくなった、といわれています。また男性も女性化したことで、男っぽいフェロモンが少なくなったのでしょう。こうして男女の性的関係が少なくなってしまったようです。

54歳は男女とも最高に魅力的な年齢だけに、まだフェロモンが出てもいい年頃です。ところが衰えはじめている男女は、この匂いが出ないのです。

私は若い頃から麝香《じゃこう》の匂いがするといわれてきましたが、**男が香水をつけることは大事です。**もちろん女性を引き寄せるためですが、それだけでなく、若さを保つことができるからです。

私の長年の経験では、香水やオーデコロンをつけているだけで、若々しさがみなぎります。現在でも私は香水を使っていますが、それは家族からきびしくいわれているからです。

女性学が専門なので、私が女性に嫌われないようにという配慮なのですが、多分そんなご家庭はないでしょう。家族が「女性に好かれなさい」というのですから、世の奥さんやお嬢さん方と、まったく反対です。

しかしこれには、もっと別の意味があります。**外で女性に好感を持たれるくらいでないと「元気で働けない」**と考えているのです。

くせにあらわれる性格⑤　食べ方

ゆっくり食べる男は常識的、可もなく不可もない。せわしなく食べる男は非常識・反常識・超常識。つまり大成功するか失敗するか半々の確率。

私にいわせると、これは実にうまい考え方です。老化を防ぐと同時に、いつまでも現役で働いてもらえるわけで、一石二鳥、三鳥の名案です。

香水が認知症を防ぐというと、世の医師たちは一笑に付すかもしれませんが、病は思いがけない理由で吹き飛ぶこともあるのです。いや、病を寄せつけない効果もあるのであって、日常の行為こそが、運命を大きく変えるのです。

フェロモンの香りにかぎらず、**異性と近づく生活をしていれば、もしかすると私のように、健康寿命がぐっと長くなるのではないでしょうか？**

私自身、自分の健康寿命を考えると、このフェロモンが、その第一の理由のような気がするのです。実際、香水をつけていなくても、麝香の匂いがすると、いまでもいわれているのです。

ポイント

異性に好感を持たれるよう香りを気にかけよう

口を使う訓練こそ幸せへの道

私の直感ですが、健康寿命が早く終わる人は無口タイプが多いようです。それがなぜわかるかというと、1つには、男性よりもコミュニケーションが活発だとされる女性が「3歳も長く」健康でいるからです。

もう1つの理由として、妻を失った男性ほど早く死んでいます。反対に夫を失った女性は、外でしゃべる機会がふえるからか、こちらは長命になります。

なぜおしゃべりタイプ、会話やセミナー、講演など、口を使っている人たちが健康でいられるかというと、耳から情報を得たり、目によって知識を広くしたり、頭でそれらを整理したりしているからです。女性たちは天性、これらが上手で、無口なタイプは、まずほとんど見かけません。

一般論として、周囲を見回してみましょう。たとえば会社の経営者は長命の男性が多いものです。悪口をいうタイプは「いつもいいものを食べているからさ」といいますが、たしかにそれも理由の1つでしょう。

しかしよく考えると、経営者の会話量は、一般社員と較べものにならないほど多いものです。それは誰もが認めるところでしょう。

経営者にかぎらず、人の上に立つ人間は、男性に限らず、頭脳から手足まで、動かせるもの、使えるものは、フルに活用しています。

それも午前9時から午後5時という規定の勤務時間だけではなく、早朝、深夜も活用しているでしょう。

だから、老いることができないのです。**老いないのではなく、老いる時間がない、**といってもいいでしょう。

読者の多くは、これを肯定するのではないでしょうか？　そうだとすれば、54歳からでも人の上に立つことです。いや、54歳であれば、多くの人は、上の役職についているのではないでしょうか？

少しでも上の立場に立っているならば、口を使うといいでしょう。それも、叱ったり文句をいうのではありません。そんなことをしたら、たちまち反乱されるでしょう。

54歳という立場は微妙なものです。会社であれば、部下はよく観察しています。この上司はここで終わりか、もっと出世していくかと。

ここでイライラしたり、怒鳴ったりしたら精神的に不健康になります。むしろ上に立つ者の責務として、最後の勉強をして、それを教えるようにするといいでしょう。

いやそれだけでなく、**第二の人生として、講演する立場、仕事を選んでいくのは、どうでしょうか?** この働き方はなかなか大変ですが、収益と健康を一挙に引き寄せるものだけに、うまくいけば退職後の生活を安定させてくれます。

ポイント

積極的に口を使い、それを仕事にしてしまおう

コラム 1

五行の特性

五行はもともと中国の思想で、森羅万象を変化させる5つの気がこの世の中と結びついているという考え方。春夏秋冬の季節も春（木）、夏（火）、土用（土）、秋（金）、冬（水）に対応していて、生まれた時期によって性格を判断できる。

木性	性格は木に似て素朴。長年かかって成長するため、忍耐力が強い。反面、自分の才知を頼みすぎて大木まで育たない欠点がある。
火性	四季でいえば夏を表すだけに、元来明るく活発。しかし移り気で浮気性な部分もある。また温かさと冷酷さを同時に内に秘めている。
土性	火が燃えて土ができるように、元来無口でおとなしい。黙々と働く誠実さがある反面、トップに立ったり表に出て華々しく活躍するタイプではない。
金性	磨けば玉になる才知の持ち主。どちらかというと大器晩成タイプではなく、早くから抜きん出る力がある。男女とも争いや口げんかに縁がある。
水性	性格は柔和で従順。人からも親しまれるので円満な人生を送るだろう。ただし、強情さを内に秘めている場合もあり、外柔内剛ともいえる。

次のコラム「指でわかる性格」は72ページ！

第2章

運命の「6大原則」を知っているか

法則①

運命はいやがることに手を挙げた人に味方する

働きつづけて50歳代までくると**「人生には運命というものが付いてくるものだ」**と、実感するのではないでしょうか？

実力からすれば、自分のほうが勝っていた、と思っていても、出世街道で追い抜かれた同僚や後輩がいるのではありませんか？

「実力があれば必ず出世する」ほど、人生は甘いものではありません。50歳を過ぎると、その差を逆転するのは、なかなかむずかしいでしょう。

30代か40代前半であれば大逆転できたかもしれませんが、50代になると、あきらめなくてはならないものです。ムリに逆転させようとすると、現在の地位まで失うことにならないともかぎりません。残念ながら、**実力より運命のほうが力が強いことを、**

心得ておかなくてはならないでしょう。

ではここで運命というものを、もう1度確認しておきましょう。

「**運命は人のいやがることに手を挙げた人に味方する**」

これは「運命第1の法則」といえるものです。私の経験では、優秀な人ほど同僚や上司がいやがったり、面倒くさがったり、やっても実績の少ない仕事に手を挙げるものです。運命の神は、こういうところを見逃さないのでしょう。

逆に、社長にまで成績が届くような仕事だと一生懸命やるのですが、課の内部の仕事になると手を出さない人がいます。いわばゴミ拾いをしないタイプですが、運命の神はこういうところをしっかり見ています。

正確にいうと、**こういう人は運が悪いのではなく、運を最初から手放しているのです。**もしもこういうタイプの人がいるなら、54歳は最後のチャンスです。

壮年期の中学生クラスですから、十分に間に合います。人のいやがる仕事を見つけましょう。仮に50代のうちに退職推奨があっても、そのタイプであれば引き止められ

姓名判断の豆知識① 天格

姓の総画数のこと。先天運を表す。家族共通の運勢を見る。プライベートの吉凶は、ここでは判断しない。

るでしょう。

いや、**人のいやがる仕事なら、起業してもうまくいくかもしれません。**

現在巨大企業になったヤマト運輸の宅急便にしても、重いもの、要らなくなったもの、運ぶのが面倒くさいもの——などを仕事にしたものです。現在の超高齢社会では、多くの仕事が隠れているかもしれません。

私は若いときから土曜、日曜に働くのを何とも思っていませんでした。いまでもこの原稿は週末に書きつづけています。つまり土曜、日曜、休日に働く会社をつくったら、仕事はいくらでもあるような気がします。

「人が働くのをいやがる日に働く会社」は、1つのキャッチフレーズになりそうです。

運命的に考えると、成功する可能性は非常に高いのです。

ポイント

人がいやがることに積極的に取り組もう

法則②

毎日の習慣を変えることで思わぬツキが舞い込む

ほとんどの人は朝、家から出て会社に行く道順を変えることはありません。帰り道も同じ人がふつうでしょう。これは道順という習慣ですが、私たちは知らず知らずのうちに、生活習慣、働く習慣を固定しています。

ところが**この日常の習慣が、運命を悪くしていることが多いのです。**朝、会社に出勤したら、隠れ煙草を吸いに出る人は、意外に多いもの。まだ勤務時間の前ですから、誰にも何もいわれません。本人は当然そう思っているでしょうが、心証が悪いことに気がつきません。心証とはひと言でいえばイメージです。

ある学校での話ですが、教師が必ず授業前にトイレに行くそうです。それも大便のほうで、教師にしてみれば、それが快便の時間なのでしょう。

姓名判断の豆知識②　人格

姓と名のつなぎ部分で、姓の終わりと名のはじめの1字の合計画数。ここが中心部であり、性格、才能、家庭、職業、結婚運をつかさどる。

ところが生徒たち、特に女生徒たちは「汚い」といって、その教師の授業になると、騒ぎ出すというのです。

まさにこれはイメージの問題です。仮に何か選挙があったら、その教師の落選は決定的でしょう。教師にしてみれば、学校規則は何一つ破っていません。にもかかわらず、心証を悪くしてしまっているのです。

職場にもまったく同じ男たちがいます。自分としては毎日の習慣なので、何とも思っていませんが、女性社員からは鼻つまみになっているのに気がつきません。

習慣は自分だけのものではありません。周りの人に影響を与えるのが、むずかしいところです。そこで**思いきって毎日の習慣を変えてみましょう。**夜ではなく、朝の入浴に変えてみる。電車の中では、スマホで細かいニュースまで点検してみる。出社したら笑顔で挨拶する。

昨日の仕事から始めるのではなく、今朝一番に仕上げなければならないものを優先する。ランチでは香りの強いものは絶対食べない……と変えてみるといいでしょう。

これらは毎日の習慣なので、変えたことが周りにすぐわかります。最初のうちは、いろいろいわれるかもしれませんが、そんなことに構わず、やってみるのです。

会社帰りに将来を考えて、新しい勉強をするのもいいでしょう。最近は大学院に通う会社員が、男女ともに驚くほどふえてきています。これにより最新の情報と知識が学べますし、いまの仕事にもプラスになるのではないでしょうか？

習慣を変えると、人格が変わるだけに、ぜひあなたも積極的に変更してみてはどうでしょう。

ポイント

これまでの習慣を思い切って変えてみよう

法則③

4回に1回は必ずチャンスをモノにできる

どんな人でも4回挑戦すれば1回は成功する、といわれます。いま輝いていない人でも、子どもの頃輝いていたかもしれませんし、老後に輝かないともかぎりません。

これは別の言葉でいえば、**運命というものは、信じないことには輝かない**、ということです。

結婚にしても、真剣に4回プロポーズしたとすると、そのうち1回は叶うものです。またそのように信じなさい、という教えです。もちろんチャランポランであれば、それはムリでしょうが、真剣な人には運命は微笑《ほほえ》むのです。

私たちは一応、40年ほどは誰でも働くといわれます。大ざっぱにいえば、20歳から60歳までが働く期間ですが、どんな人でもこのうちの10年間は、いい気分で働いています。うまくいっている時代なのです。

もちろんこれは平均値ですから、40年間まるまる輝きつづける人もいるでしょう。反対に5年間ほどしか輝かない人もいるはずです。

20歳から40年働いていたら、「あのときがチャンスだった！」という時期が必ずあったはずなのです。ところが多くの人は、それに気がつきません。

あるいは気づいていても、そのままにしてしまうのです。そうすると結局、底辺で働きつづけることになり、せっかくのチャンスが逃げてしまいます。

私は手相、人相を観ますが、人間の顔というものは、若い時期に輝く顔と、中年で輝く顔、人生の後半で輝く顔の3つに分かれています（次ページ図参照）。

あなたはこの中のどれでしょうか？　ほとんどの男女は、この3つの図のどれかに属しています。すると、人生の1／3は輝くことになります。

このように分けると、**4回に1回ではなく、3回に1回は成功することになるので、運命学的にいうと、チャンスは意外に多いのです。**

姓名判断の豆知識③　地格

名の全画数。30歳くらいまでの運勢を見る。親から譲り受けた性質、体質、育ち方が出るところ。

顔でわかる「人生で輝く時期」

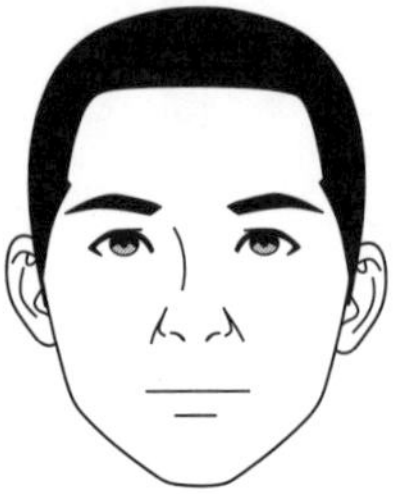

＜青年期に輝く顔＞

上停（毛髪の生え際から両眉毛の上まで）が広い人は、知力に秀でている。

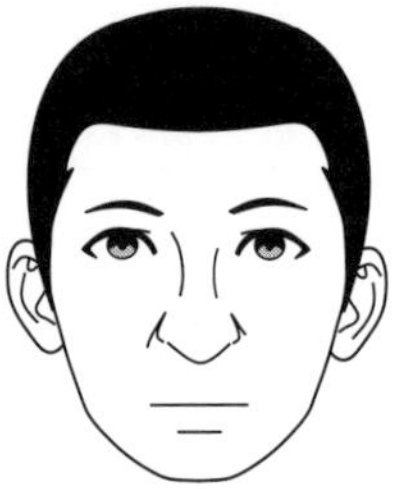

＜壮年期に輝く顔＞

中停（鼻の上部、目の上から鼻先まで）が豊かな人は、性格と感情で勝負をする人。

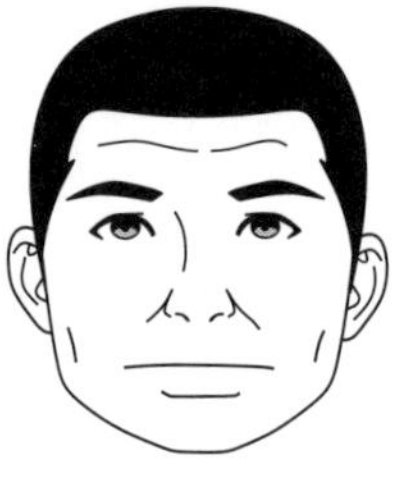

＜熟年期に輝く顔＞

下停（鼻の下のみぞ・人中からあごの先まで）がしっかりした人は、度胸や意志の強さ、ゆとりがある。

問題は、時代の読み方です。もう大分前から「これからはＩＴの時代だ」といわれてきました。あるいは「飲食の時代がくる」ともいわれたものです。

そして**これからはソロ、つまり独り身の時代になる、**といわれています。すでに東京近辺は、シェアハウスが林立している状況です。

現在は大企業だからといって安全な時代でなく、若々しい企業のほうが、将来性が出てきました。ただ漠然と勤務するのではなく、転職も含めて将来を見据えることが必要になってきました。**4回に1回のチャンスとは、もしかしたら、4回目の転職で輝く、とも受け取れます。**

ともかく54歳までいい思いをしてこなかった人には、これから先に輝く時代がくるかもしれないのです。運命の法則を信じてみるのもいいかもしれません。

ポイント

4回に1回くるチャンスを見逃さないようにする

姓名判断の豆知識④　外格

総画数から人格を除いた部分の合計画数。姓や名が1字の場合は仮数1を加える。ここでは社交運や対人運を観る。社会生活での幸、不幸が出てくる。

法則④

「いいこと」と「悪いこと」は交互にやってくる！

これは「**我慢の法則**」といわれるもので、いつもいつも「いいこと」ばかりはつづきませんし、反対に「悪いこと」も永久につづくわけではありません。**我慢していれば、必ず事態は変わるものです。**これは年月がそうしてくれるのであって、本人は何もすることはありません。

もし我慢ができなくて、途中で逃げてしまったら「いいこと」は永久に来ないことになるのです。

私はこの我慢の法則を、非常に大事にしています。**仮に健康な時期が10年つづいたとして、あと10年間、健康でいられるとはかぎりません。**

預金の金利でも株式相場でも、上がれば下がるし、下がれば上がるのです。同じように、上司の見方もいつか変わるかもしれないのです。

フェイスブックを見ていると、いまをときめく若い経営者が、かなりぜいたくをしている写真や文章を上げています。

私はこれらの経営者の何倍も生きてきたので、さまざまなドラマに会っています。「まさかこの人が失敗するとは!?」というケースに出会ったこともあります。女性に訴えられて転落した経営者や大学教授もいます。

私自身も地獄の底に落ちたこともあるので、ハラハラして見ている面もあります。しかしこれは人生の修行であり、1度や2度は失敗したほうがいいともいえるのです。

ただ、**54歳から新しくスタートする人生で、「悪いこと」がくるのは、少しきびしいでしょう。**わかりやすい例でいうと、起業して1年目の存続率は40%、5年で15%、10年で6%という数字が出ています。

「1年保つ会社は10社中6社」という数字が高いのか低いのか、見方によって違うでしょうが、ここで大事なことは、**1年以上つづく会社というのは、必ず応援してくれ**

る人脈がある、という点です。

金策に詰まったら、用立ててくれる人脈があるかどうかで、会社の運命は大きく変わります。この人脈は、いい時期、悪い時期にかかわらず応援してくれる人たちです。

54歳という年齢は、長い信用を積み立てた年齢です。この年齢で将来が心配という人は、それまでに、もっとも大事な人脈を大切にしてこなかった、ともいえるのです。

仮に悪いことがあっても、必ずいつかはいいことにめぐり会うのですから、援助してくれる人たちをつくっていくことです。

ポイント

悪いことに耐えられる人脈をつくっておこう

法則⑤

「思い入れの強さ」と「成功の確率」は比例する

私は多くの有名作家に小説を書いていただいてきました。小説担当の編集者としては、成功の部類に入ると思います。

ではなぜ有名作家たちが、次々と私の願いを聞き入れてくれたのでしょうか？　それは**「思い入れの強さ」**としかいえません。この作家にどうしても書いていただきたい、と思ったとすれば、手紙を書きつづけるか、ご自宅に日参するか——作家によって違いはありますが、執念を示すことになります。

幻冬舎の見城徹社長に話を聞いたことがありますが、彼は会社を始めるとき、何としても五木寛之先生に書いてほしかったそうで、25回も手紙を出しつづけたとのこと。これだけの思い入れの強さがあったからこそ、現在の成功があるのでしょう。

姓名判断の豆知識⑤　総格

天格と地格の和。姓や名が一字の場合は仮数1を加える。基本的に総合運と後年運を見る。

恋愛でも似たものがあります。女性には「これだけ私を思ってくれるのなら」と感激して、結婚を承知する一面をもった人が多いように思います。ずるい男は、こうやって女性を手に入れるそうですが、女性の感激性をうまく利用する一例です。

ではこの思い入れの強さは、どこで見分けられるものでしょうか？

一例を挙げると、**「これが食べたい」と思ったら、トコトンその店を探すタイプがそれです。**このタイプは仕事を頼むと、いい加減なところでは妥協しません。徹夜してでもいいものをつくろうとします。

現在、ＩＴ企業をスタートさせて成功している企業には、このタイプの社員が多いといわれます。一種の発明、発見型の社員が大勢いるのです。この中には中学生、高校生もいるそうです。これまでの企業は年齢を大事にして、年齢給を設けていましたが、新しいＩＴ企業は、年齢が上がるほど収入が下がる、ともいわれています。

特に思い入れの強さは、若い人のほうが激しいし、多いのです。それだけに成功の確率は高いのでしょう。

仮に54歳で起業するとしたら、思いきって、若手を入れたほうがいいでしょう。従来型の会社をつくろうというのでしたら、先ほどの企業の寿命の話ではありませんが、1年目で倒産でしょう。

最近の企業は、ほとんどが年俸制になっています。ということは、一人ひとりの能力を買う形になっているのです。成功の確率の高い社員に多く支払うのは当然であって、年齢に支払われるわけではありません。

もし54歳で転職するとしたら、当然のことながら、現在の会社より収入面では下がります。このことをしっかり胸に収めていないと、人生の最終期に大失敗します。

できれば転職するのではなく、いまの会社で、成功の確率を高めるべきでしょう。

そのためにはセミナーや講演会で、意志の強さ、我慢強さを学ぶことです。これからの時代には「弱さ」は最悪になります。意志の弱い人は脱落するしかないのです。

ポイント

強い思い入れと我慢強さを身につけよう

姓名判断の豆知識⑥　姓名に数字が入っている場合

姓や名に数字が入っている場合、その文字は画数ではなく数字で計算する。たとえば名が「八郎」という場合、名の画数は11画ではなく、17画になる。

法則⑥

運命の扉は叩かなければ開かない

多くの人は毎日、それほど冒険したり、危険地帯に踏み込むわけではありません。歩いている途中で「右の道を行くか、左の道を辿るべきか?」と悩むことは少ないものです。とはいえ、**一生のうちで何度かは、決断しなければならない場面に遭遇するものです。**

右に行くか左に行くかは、道があるのでそれほどむずかしいことではありません。しかし目の前に重い扉があったとしたら、その扉をノックするかどうか、考えてしまいます。また、ちゃんとした舗装道路があるのに、ガタガタの門を開けて、草むらに入っていくのも勇気が要ります。

大企業に勤務していると、誰でも冒険ができなくなるものです。小さい企業に転身するのは恥ずかしいし、怖くなってしまいます。そこでほとんどの人は大企業にしがみつき、最後は退職金をもらって、細々とした年金生活を送ることになるのです。

運命の扉は最初から開いていて、「小さな会社でも将来性がある」という風景が誰にでも見えているわけではありません。**「叩く」という勇気がなければ、中が見通せないのです。**

作家のアンドレ・ジイドは『狭き門』で、新約聖書マタイ福音書の一節、

「狭き門から入れ。亡びに至る門は大きく、その路《みち》は広く、ここから入る者は多い。生命に至る門は狭く、その路は細く、これを見つける者の少なきことよ」

を引用しています。

私はときどき自分で勝手に名付けている**「未来眼鏡」**をかけて、しばらくボーッとしていることがあります。ふだんは遠近両用の眼鏡をかけているのですが、この未来眼鏡は遠視用です。つまり近いところは見えなくて、遠い風景だけが見えるわけですが、これをかけると、数年後、数十年後のことを考えられるのです。

冗談のようですが、あなたもやってみたらどうでしょう？

この考え方はいろいろな先輩が試みています。「**魔法の眼鏡**」と名付けた人もいますが、つまりは日常から離れることで、先端的な思考法を生み出す方法です。

たとえば私はこの方法で、いまから60年ほど前に「女性の時代が来る」と考えて、女性週刊誌を創刊し、87歳の現在まで、女性問題を中心に仕事をつづけています。

いまから数十年後は、尊厳死が当たり前の時代になるかもしれません。私は確実にその時代がやってくると思っていますが、こういう「終末期」の仕事は、大胆に予測しないと、なかなかできません。しかし54歳で新しいことに挑むとしたら、尊厳死の問題は最高です。

ポイント

勇気をもって運命の扉を叩いてみよう

第3章

75歳まで健康に仕事を続けるコツ

生活を改めるなら今日いますぐ！

あなたは何歳まで生きるのが希望でしょうか？

私はもうすぐ米寿、88歳になりますが、とりあえずの健康寿命目標は95歳にしています。健康寿命とは、日常的に医療や介護に依存せず、自立した生活ができる生き方を指します。ただ生きているのとは、根本的に違います。

それでも病院や自宅で介護を受けつつ、長生きすることができれば幸せですが、必ずそうなれるとはかぎりません。ときには大きな金額が必要になるからです。あるいは身近な人、肉親や親戚がいればいいのですが、人によってはたった1人ということもあり得ます。

博報堂のマーケッターである荒川和久さんの研究では、いまから20年後には人口の半分がソロ（独り身）になり、１００人中40人が独り暮らしになるそうです。そうだとすれば、**いま54歳の人は74歳の時点で独り暮らしになっている確率は、非常に高いと思わなければなりません。**

健康であれば問題ありませんが、その頃になると認知症を初め、転倒、骨折、嚥下障害、誤嚥性肺炎など、高齢者ならではの症状や病気が出てきます。

もちろんこれ以外にがん、脳溢血、心臓病といった死に直結する重い病気が待ちかまえているだけに、独り暮らしはなかなか大変です。その上に病気や障害があれば、貯金も底をつく可能性も高いのです。

私の友人たちには70歳前後で収入がとだえ、年金だけの生活になった男たちが大勢います。それでも80歳までは何とかがんばったものの、それ以後は貯金もまったくなくなり、非常につらい生活を送っている人たちも少なくありません。

ところが現在50代の人たちの平均寿命は、私たちの世代と比べると、ぐんと長生きになっています。

現在はまだ若者も多いので、年金崩壊は考えられませんが、**あと20年、30年も経て**

姓名判断の豆知識⑦　百、千、万の扱い

姓や名に「百」「千」「万」が入っている場合は、数字どおりの画数ではなく、漢字の画数になる。つまり、百は6画、千は3画、万は3画（萬は13画）となる。

ば、年金も苦しくなることは確実です。それを甘く見たら、悲惨な最期を迎えることになってしまいます。

私は若い頃から週刊誌の編集長をしていたおかげで、遠い先のことまで考えなくてはなりませんでした。このとき、それぞれの専門家から健康のあり方、金銭の問題、働き方などのレクチャーを受けたのです。

当時のマスコミ人間は、深酒、煙草が当たり前でしたが、私は酒はビールにして、煙草はまったく喫いませんでした。

たったこれだけで、同年齢の各社友人たちが先に逝った中で、私だけが生き残っているのです。それもこの年で、寝る間もない忙しさです。

あなたにもぜひ私と同じように、仕事をしつつ長命でいてほしいのです。その代わり、いまの生活を改めてほしいと思うのです。

ポイント

健康寿命のためにいますぐ生活を改めよう

何を目標に生きたらいいのか？

54歳はまだ人生の終末期ではありません。中年の壮年期に当たります。ところが、社会はそう見てくれません。**企業によっては40代から不必要な人員と見なすところもあり、50代になれば、早期退職をすすめる会社も相当多いでしょう。**あなたはすでに、そういう立場に立っているのです。もちろんすでに、老後の準備OKの人もいるでしょう。しかしそういう人ばかりではありません。焦っている人も相当多いはずです。

この社会は実にいい加減で、実力も身体能力もピークだというのに「そろそろお引き取りください」と、平気で通告してくるのです。**自分自身に自信があるからこそ、老後の準備が遅れる、**という人も多いのではないでしょうか？

姓名判断の豆知識⑧　カタカナやひらがな

姓や名にカタカナ、ひらがなが入っている場合、その文字の画数で計算する。「ア」は2画、「あ」は3画となる。濁点は2画、半濁点は1画増やす。

私もそんな感じの退社でした。力を入れてがんばっている仕事がありながら、関係会社の役員から「櫻井君ではうまくいかないのではないか?」と、暗に身を引くべきだ、と謎をかけられたのでした。

忘れもしません。丁度54歳のときでした。私は屈辱から退職届を出したのでしたが、ありがたいことに、多くの方々から引き留められました。

しかし一旦出した退職届をウヤムヤにするわけにはいきません。まったく明日から何をしたらいいのか、考えもできていないままに、退職日が来てしまったのです。

このとき冷静に考えると、私の半生は「ペンと原稿用紙」の歩みでした。それ以外はまったく何も知りません。つまりは他の出版社に再就職するか、1人になって物書きになるか、それ以外の道はありませんでした。

ここで初めて知ったのですが、**54歳という年齢はすでに、他社から声のかかる年齢ではなかったのです。**こうなると、残る道は、原稿を書いていく以外ありません。

幸い、以前から松本清張先生は私に「原稿を書け」と励ましてくれていました。それに対し私は何を書いていいのか、自分でも思いつかなかったので、いろいろ質問してきたのですが、「ともかく机に1日13時間、それも毎日座っていなさい」という答えでした。

いま現在、この本をお読みになっている読者の中には、私と同じように**「何を仕事にしていいか」目標がわからない人もいる**かと思います。

それでも読者のみなさんのほうが、ラクだと思うのです。私の場合は辞表を出してから、何をしていいかを考え出したのですから、まさに泥棒を見て、縄をなうような有様でした。

昨日までは会社から振り込まれる給与がありましたが、突然、それがなくなってしまったのです。家族4人の生活は、退職金にすがるしかありませんでした。

ポイント

社会と自分の認識のギャップに気づこう

最低でも75歳までは働こう！

私は54歳から今日まで、大げさにいえば、1日も休まず働いてきました。このことは読者の皆さんと、3つの点で異なっているかと思うのです。

（1）元気でありつづけたこと
（2）仕事があったこと
（3）定年後は仕事しなくていい、という考え方をもたなかったこと

まず80歳を過ぎて、自分の身体のどこかにメスが入らない人というのは、非常に珍しいといわれます。

私は22歳のとき、肋膜炎（いまの結核の軽いもの）と診断されて、合格していた講談社から光文社に回されたいきさつがあります。

そんな病気をもった身体で、週刊誌の編集長を15年以上つづけています。本来なら、どこかで倒れているはずですが、実際には一度も大病を患ったことはありません。幸運というか、健康管理がよかったのか、その両方かもしれませんが、基本的にふつうの人とは反対の生活をつづけてきました。

まず、**睡眠時間が人よりはるかに少ないことです。**

週刊誌時代は週に2日は徹夜作業がありましたが、これに慣れると、睡眠が少なくても、痛くも痒くもありません。

私の本に『寝たら死ぬ！　頭が死ぬ！』（小社刊）という1冊がありますが、私の元気さを見る人は、寝すぎたことを後悔するばかりです。

健康は睡眠を少なくしたからといって、何の害もないのです。むしろ寝過ぎて体と頭を休め過ぎるからこそ、認知症を発症すると思っています。

名前と五行①

名前の最初の音が「木火土金水」のどれかによって、性格を判断できる。「カキクケコ」は牙音（がおん）といい、木性である。

また仕事があったことも幸運でしたが、むしろどんな仕事でもやらせていただく、という考え方が必要でしょう。75歳まで働けるようなら、老後の生活はぐっとラクになるように思います。

私は現在60代の人で仕事がないと嘆く人に、タクシー運転手になることをすすめています。

なぜタクシー運転手がいいかといえば、

1つにはそれほど競争率が高くないこと。

2つには自分の腕で稼ぐ必要性が出てくること。

3つには客と話すことで若さを保てること――この3点です。

このほかにも走ることで、新しい街の情報と知識が入りますし、客を乗せているという責任感も出てきます。つまりは個人責任が大きくなっています。

この個人責任は、多くの人たちはこれまでもってきませんでした。国なり会社なりが責任をもってくれるのに、馴れっこになっていたからです。

もちろん起業する方法もあります。

これについては別の章で書きますが、ふつうのサラリーマンが個人責任をすべて負うのは大変です。その点、タクシーの運転手は会社責任もありますが、個人責任も負うことになります。

これが70代でも元気になる一因です。ともかく自分の身体と知力をしぼって、客をさがすことです。これが健康の素になるはずです。

ポイント

75歳まで働くつもりで生きていこう

名前と五行②

「タチツテト」「ナニヌネノ」「ラリルレロ」は舌音（ぜつおん）といい、火性をもっている。

54歳と55歳ではまったく違う

年金はできるだけ遅くから開始しないと、1回の年金額が相当少なくなってしまいます。基礎年金の場合、現在では60歳で年金を繰り上げ受給した場合、30%の減額となります。逆に70歳以上からスタートとなると40%以上増額されます。

近頃は女性だけでなく、男性も平均寿命が伸びています。ここを十分に考えないと、高齢になればなるほど、生活が苦しくなり、それを忘れたいと思う結果、認知症になる人も多いようです。

また同じ寿命といっても、病院で寝つづけての寿命と、ピンピンしていて毎日働きつづけている健康寿命とでは、とても大きな差になってしまいます。

それも自分が寝込んでいるのではなく、家族を看病して生活しなくてはならない人とでも、生活の質は大きく違ってしまいます。そこでできるだけ早くから、自分と家族の老後生活を考えなくてはなりません。

私はそのギリギリの年齢を54歳と考えています。まだその年になっていない人にはわからないかもしれませんが、**55歳となると、急に60歳が近くなり「老後生活」を予想してしまうものです。**

ところが面白いもので、54歳はまだ50代の前半で、自分が働き人間、現役生活者だと思えるのです。

ゴルフをやっている人ならその感覚がわかるのではないでしょうか?

ハーフ54で回ったとなると、「まあまあ」と思えるのに、「55」となると、急に「60」に近くなり、「今日はよくなかったな」と思う人が多くなるはずです。

たった1つの違いですが、心の中ではすごく大きく思えるものです。特に定年近くなると、1年、1歳が非常に大きな意味をもつことになります。

企業によっては、その1歳で退職募集を免れることもあります。

それこそ1年違えば20代から30代になってしまう場合もありますし、犯罪でも少年法の範囲で、罪を免れることだってあるのです。

まさに1年、1歳の違いで運命は大きく変わっていくのです。

1つ年上だということでトクすることもないではありませんが、多くは1年若いほうがトクするものです。中でもスタート台に立つときは、若いほうが断然トクになります。

ほとんどの人は定年の日から「いよいよ老後生活か」と思うようですが、**老後生活は54歳から始まっていると思わなくてはなりません。**

準備は1日も早いほうが安心ですし、安全です。54歳時点の自分を冷静に見つめてみましょう。自分を減価償却してみてもいいでしょう。甘く考えないこと——これが第二の人生を成功に導くカギです。

ポイント
1年を侮らず、準備は早く始めよう

起業する場合は住所が信用を高めることもある

満を持して54歳から起業する、という方もいるでしょう。私は仕方なく起業した口ですが、はっきりいって、その年齢で新しい仕事を始めるのはむずかしいものです。

私の場合は書く仕事、しゃべる仕事が中心だったので、なんとかなりました。

しかし、仕事があるかないか、まったくわかりませんし、仮にあったとしても、入金までは自分の金で間に合わせなければなりません。

事務所代にしても、権利金、敷金が必要になり、会社をスタートさせるには、資本金も重要です。あれやこれや総合すると、相当な金額になります。

そのとき初めて知ったのは、**東京都内で小さな事務所を開設するときは千代田区、中央区、港区の3区でないと、テレビ、広告、情報産業、マスコミ関係の仕事は成り**

名前と五行③

「アイウエオ」「ヤユヨ」「ワヰウヱオ」は喉音（こうおん）といい、土性をもっている。

立たない、ということでした。

現在ではこれが新宿区、渋谷区、品川区などに広がってきていますが、私の友人で同時期に独立した仲間は、少しでも家賃を安くしたいと考えて、荒川区、足立区、葛飾区に事務所を構えたのですが、全員討死してしまいました。

その最大の理由は、地方から仕事の口がかからなかったからです。

私のように元週刊誌の編集長という、特に新しい情報を必要とする仕事では、個人事務所をこの3区以外で開設したら、たちまち潰れたと思います。

大手テレビ局の住所を見ても、東京放送（TBS）、テレビ朝日、日本テレビ、テレビ東京、フジテレビの民放5局は、いずれも港区にあります。

つまり**すべての情報は港区に集中している、**といっても過言ではありません。そこで私の事務所の名刺の住所が港区になっていると、地方のさまざまな企業は「櫻井さんも同じような新しい情報を握っている」と錯覚するのです。

その証拠に、私が新宿区に事務所を移したら、テレビ局からの出演依頼も全国からの講演依頼もぐっと減ってしまったほどです。

そこで、**貸事務所でもいいですから、トップ3区の中で探したほうがいいでしょう。**

以前と違って、最近では大手の貸オフィスがビルを用意してくれています。

ノマドワーカー用の貸スペースと違い、近頃は会議室や応接スペースを設備しているオフィスもあります。

電話もちゃんと受けてくれますし、荷物も地方からでも送れます。実際に相手が来ないかぎり、東京の一等地に事務所を構えている、と信じてもらえるのです。

もちろん業種によって違いはありますが、資本金1円からでも起業できるのですから、ちゃんと事業が続くよう、よく調べたほうがいいでしょう。

1つだけはっきりいえるのは「**大事なのは住所**」であることです。信用が仕事を生むからです。

ポイント

起業するならしっかり情報を集めよう

名前と五行④

「サシスセソ」「ハヒフヘホ」は歯音（しおん）といい、金性をもっている。

なぜ成功する人々は占いを信じるのか？

実際のところ、54歳から新しい事業を始める人はごく少数でしょう。それだけの気力、資金力があれば、もっと早くからスタートしているはずです。また気力、資金力を貯えていれば、いつでもチャンスのとき、仕事を興すことができます。

一般の社会人はあまり知りませんが、**事業をスタートさせ、特に成功した人は、占い、運命というものを非常に重視します。**

アメリカ人は「**ボイドタイム**」という時間を重要視します。「Ｖｏｉｄ」とは無効というほどの意味ですが、何をしてもうまくいかない「魔の時間」を指します。

レーガン元大統領は、この時間は一切会議を行なわないことで有名で、それくらいゲンを担いでいました。

これは西洋占星術による運命の扱い方ですが、日本の政治家、経営者の中にも、いつ新しいことをスタートさせるか、占い師に観てもらっている人は大勢います。私は占い方面ではセミプロの腕前ですが、これまでの仕事は、ほとんど自分で占うことで、スタートする年齢を決めてきました。

たとえば私は18世紀の有名な宮廷占い師キロの**「運命数」**を、決断の際によく用います。

図①を見てください。まず生まれ日によって運命係数が決まります。6日、15日、24日生まれの人は運命係数が6になります。

今度は図②を見ていただくと、運命係数6の人は、何歳のとき運命が変動するかが出てきます。私は4日生まれなので、55歳で運命が変わると出ています。まったくその通りで、何とか54歳のうちに会社設立を終えて、運命が変わったのは55歳だったのです。

トップクラスの男性たちは、なぜ占いを用いるのでしょうか？

運命数

生まれ日による運命係数早見表（図①）

係数	1	2	3	4	5	6	7	8	9
生まれ日	1日 10日 19日 28日	2日 11日 20日 29日	3日 12日 21日 30日	4日 13日 22日 31日	5日 14日 23日	6日 15日 24日	7日 16日 25日	8日 17日 26日	9日 18日 27日

運命周期表（図②）

係数	1	2	3	4	5	6	7	8	9
境遇の変化や事件の起こりやすい年齢（満年齢）	7歳 10歳 16歳 19歳 24歳 28歳 34歳 37歳 43歳 46歳 52歳 55歳 61歳 70歳	7歳 11歳 16歳 20歳 23歳 25歳 29歳 34歳 38歳 47歳 52歳 56歳 62歳 70歳	3歳 12歳 21歳 30歳 39歳 48歳 57歳 63歳 66歳 75歳 84歳 93歳	4歳 10歳 13歳 19歳 22歳 28歳 31歳 37歳 40歳 46歳 49歳 55歳 58歳 64歳 67歳 73歳	5歳 14歳 23歳 32歳 41歳 50歳 59歳 68歳 77歳	6歳 15歳 24歳 28歳 33歳 39歳 42歳 51歳 60歳 69歳 78歳 87歳	2歳 7歳 11歳 16歳 20歳 25歳 29歳 34歳 38歳 43歳 47歳 52歳 56歳 61歳 65歳 70歳 74歳 79歳	8歳 17歳 26歳 35歳 44歳 53歳 62歳 71歳 80歳	9歳 18歳 24歳 27歳 36歳 45歳 54歳 63歳 72歳 81歳
確率の高い生まれ月	1月 7月 8月	1月 7月 8月	2月 12月	1月 7月 8月	6月 9月	1月 5月 10月	1月 7月 8月	1月 2月 7月 8月	4月 10月 11月

一般の男たちは占いに頼るというと笑う人も多くいますが、トップ層ほど本気で占いを信じるのはなぜなのか？

実は占いを直接的に信じているのではなく、占いでそう出ているのなら、そこに全力で集中してみよう、と考えるからです。

自分が心の底から尊敬している師匠《メンター》がいるとします。このメンターから「やってみろ」とハッパをかけられたら、全力で集中するでしょう。だから成功の確率は異常に上昇するのです。

私は占いを信じているのではなく、占い師を信じているのです。20代から今日まで、私はキロを信じてきたのです。あなたも騙されたと思って、このキロの運命図に従ってごらんなさい。1、2年の狂いはあっても、必ずこの運命図通りになるでしょう。

ポイント

占いの結果に従って行動してみよう

コラム 2

指でわかる性格

手相は単純に、手のひらのしわだけで判断するものではない。手全体の肉付きや色味、やわらかさ、指、爪の形状なども判断材料にする。指の形状だけでもある程度、性格が推し量れるので、それぞれの指からわかることを知っておこう。

親指	よく反り返る女性ほど、ぜいたくで派手好き。また大胆で誇張癖がある。結婚生活にはまりきれないタイプといえる。
人差し指	「食指」ともいう。食指を動かす人はなんでも欲しがり屋。また、それだけの力もある。向上、支配、誇りがこの指の特徴。
中指	宿命を観る。薬指側に第一関節（爪のある部分）が曲がっている人は、親子の縁が薄い。この指が長い人は想像力が強いので勝負事、芸術方面に向く。
薬指	昔からこの指で薬をなめたのでこの名がついたが、財運をみる指でもある。ガッシリ美しい指は成功運。細く長い人は投機に走りやすい。
小指	「尾指」ともいい、コミュニケーション用。この指が長い人ほどしゃべり上手。爪を長く伸ばしていても同じ。短い人ほど恋愛に自信なし。

次のコラム「夢判断の豆知識」は164ページ！

第4章

なぜこの人の生き方は老いないのか？

健康より大事な歯、目、耳、魔羅

誰でも健康第一と考えます。私自身もいかに健康を保つかで苦心してきましたが、いまになって思うのは、**歯、目、耳、魔羅《まら》のほうが健康より大事だった**、ということです。

もちろん健康を疎かにするわけではありませんが、高齢になると意外に楽しみが減ってきます。だからテレビやラジオが必要になってくるのですが、目と耳に障害があれば、その楽しみは奪われてしまいます。健康でも、固いものが食べられなかったり、しっかり話せなかったら、生活がつまらなくなってしまいます。

また男の場合、50代の後半から性欲がなくなったら、健康体だとしても、楽しみがなくなってしまうのではないでしょうか？　女性の場合は、男性によって性欲が高まることもあるだけに、肝心のパートナーが性に関心を持てなくなったら、楽しみはまったくなくなります。

健康は生きるために必要なものですが、**歯、目、耳、魔羅は、人生を楽しむために欠かせません。**

健康は大切なものですが、自分自身の体質、状態などにより、75歳、80歳、あるいは90歳という目標を決めるべきだと私は思っています。その目標に歯、目、耳などを合わせるべきではないか？　と思うのです。

こんなことは現役の医師はいえません。私のような長寿者だからこそいえると思っています。

たとえば平均的な健康寿命といわれる男性71歳、女性74歳を目標にするならば、仮に白内障といわれても、手術する必要はないかな？　と私は思います。

また歯の治療にしても、すべての歯をきれいにするため、インプラント治療をするかどうかも考えたほうがいいでしょう。私は87歳まで義歯などでしっかり噛んでこら

名前と五行⑤

「マミムメモ」は唇音（しんおん）といい、水性をもっている。ちなみに「ラ行」「パ行」は音の響きが明るく、商品名・企業名ともに伸びる傾向がある。

れたので、5年単位で手入れするように担当医と話し合っています。

この年齢だと、**100歳までしっかり噛めるように根本から治療していくのは治療費と時間のムダだ**、という考えです。それは寿命とのかかわり合いです。

このように考えて、最少の時間と治療費で、人間としての最低限の楽しみを確保したらどうでしょうか？　壮年期に早くも歯、目、耳、魔羅がボロボロというのでは、どんなに壮大な夢を描いていてもムダです。**いまのうちに治療しておくべきものは、直ちにスタートするべきです。**

男性でも女性でも、この年代は一番魅力の溢《あふ》れる時期だけに、身体の内面だけでなく、外面も美しくしておきましょう。そうすることで、勇気も湧き、成功の確率も高くなると思います。

ポイント

老いても楽しめる身体の維持をしておこう

「残りの人生」と考えたら失敗する

壮年期の始まりは40歳です。この壮年期は20年つづき、60歳になって、やっと高齢期の入口に差しかかります。

政府は高齢者のうち、65歳以上、75歳未満を前期高齢者、75歳以上を後期高齢者と規定しています。これは年金などを頭に置いた区分と考えていいでしょう。

問題は年金を受給する年齢になると、それ以後の人生を「残りの人生」と思ってしまうことです。もともと人生をじっくり考えたとき、「残りの人生」なんてあるのだろうか？　と首を傾げてしまいます。

これは「余生」という言葉から来ているようですが、この余生とは、古代中国の官《かん》吏《り》が職を辞したあとの人生を指したといわれます。

当時は辞めてしまえば仕事がなかったのでしょう。それで余りの人生と考えたのでしょうが、現代は、官吏にしても民間企業の社員にしても、仕事を辞めてすぐ死ぬわけではありません。60歳の定年で考えると、約40年間の職を辞めるわけですが、下手をすると、余生のほうが40年以上になってしまいます。

「人生100年時代」という言葉があちこちに出ていますが、誰もこれを否定しないどころか、身近な人の中に100歳を越えた方が、散見するようになっています。これを書いている私でさえも、このまま働いていったら、元気で100歳を迎えるかもしれないと、本気で考えています。

こうなると、60歳から残りの人生とは到底いえないでしょう。

まず**60歳は新しい第二の人生の始まり**、と思うべきではないでしょうか？　高齢期と考えるのは間違いで「第二の人生の青年期」と規定するほうが正しいかもしれません。そう考えると87歳の私は「**第二の人生の壮年期**」に入ったところです。仮にこう考えると残りの人生どころか、まだまだ働いて稼がなければなりません。

このように考え方を改めると、とたんに60歳、70歳、80歳という年齢が、イキイキしてきます。

もう少し夢の人生を考えていくと、**男女とも60歳以後に再婚する**、という選択も出てきます。厚生労働省の発表した資料によれば、日本全国の婚姻件数が約60万件であるのに対し、離婚件数は約21万件と、およそ3組に1組は離婚しています。病気でパートナーを失っている男女も、少なくありません。

ところが60歳以降に結婚するとなると、恥ずかしいのです。「世間体がみっともない」という考え方から、結婚できないでいる男女は非常に多いのです。

しかし**第二の人生の壮年期であれば、結婚、再婚するのは当然です。**そしてそのほうが、生活費からしても安心できるのです。

また壮年期と考えることで、認知症になる男女は少なくなることでしょう。今日から「残りの人生」という考え方を、きっぱり捨てることです。

ポイント

60歳からは第二の人生が始まると考えよう

名前の漢字

破、夜、寒、刃、牙、涙、霧、雨、雪、化、亡などは、名前に使わないほうがいい。霧子や雪江などは、美しいが淋しげに育つ。

文庫の時代小説を読んでいやしないか？

出版界に身を置いていると、面白い現象が見えてきます。

時代小説、歴史小説が売れているのですが、いわゆる単行本サイズの四六判ではなく、文庫本が圧倒的に多いのです。

またその中でも、本格的な歴史ものはそれほど売れていませんが、気ラクに読めるものほど、よく読まれています。これはどういう現象でしょうか？

54歳が一種の分岐点になっているようですが、**ビジネスものを読まなくなった年齢層が、時代小説の文庫に移っていくのです。**

「自分のビジネス人生は終わった！」と思った男性たちは、ビジネス社会での成功者が書いたものは、見たくもないのです。

特に最近は、ＩＴ関連の起業家が多いため、20代から30代で成功者になる人がふえてきました。

40代ともなると、何百億、何千億円という財産を蓄える人も出てきます。それこそ自家用機に芸能界の女性を乗せて、モスクワのＷ杯観戦に出かけた40代の経営者もいるくらいです。

こうなると、50の坂を越えたところで、特に男たちは、がっくり、失意のどん底に落ちてしまいます。「自分の時代は終わった」と思うのです。

それでも、**「そんな若造に負けてたまるか」とがんばっている50代くらいの人たちは、どんどん新しいビジネスの知識をふやしていきます。**ですが、次第にそれも少数派になってきました。

それは講演会、セミナーを見てもよくわかります。

講師の多くは30代〜40代で、もっとも新しい理論を披露しています。そして多い会

名刺の名前

自分の名前よりも社名や地位が目立つ名刺を持っている人は、どんなに姓名運がよくても、下降運となる。自分の力を信じていないため、依存性が高い。

場には1万人単位で、若者たちが集まるのです。

近頃では50代の父親と30代の息子でまったく収入の額が逆転し、息子のほうが0の数が1桁も2桁も多い、という家庭も現れてきました。

いまや、父親世代は古典的なビジネスマン、サラリーマンとなり下がる危険性もあります。


こういう時代がしばらく前から出現してきましたが、それに伴ってどの老舗出版社も、文庫に時代小説をふやしてきました。

文庫といえば一昔前は、四六判で出た書籍を、一定の期間を置いて文庫化する、というのが常識でした。しかし最近は最初から文庫版で時代小説を出す、という形式がふえてきたようです。

これらの読者は、若者ではなく高齢者です。ビジネスものだとイライラしたり、口惜しくなりますが、捕物帖や料理帖といった時代ものであれば、時間つぶしにピッタリです。

もし父親や夫の鞄の中に、この種の文庫が入っていたら、負け犬になった可能性がありま す。

逆にいえば**「それだけは読まないぞ！」という夫や父親であれば、まだまだ前途洋々です。**

ポイント

若者に引け目を感じず成長し続けよう

毎日の歩き方・話し方を速めてみる

目標、目的のない人生ほどつまらないものはありません。私の周りには50を越えてから、「ホノルルマラソンと東京マラソンに出場する」と決心した人が2人います。男性と女性1人ずつですが、目標を立ててから、3年と5年で達成しています。

これはすばらしい目標の立て方です。単にマラソンに出場したというだけではなく、第二の人生のスタートとして、輝かしいものがあります。

私は第二の人生の中心にいますが、この年齢では歩き方が飛び抜けて速いと思います。年を重ねると、不思議なことに何事もゆっくり、ゆったりしてきます。反対にいうならば、**話し方にしろ、身体の動かし方にしろ、ゆっくり、ゆったりしてきたら、老いてきたということです。**

一見すると「ゆっくり」という習慣は、とてもよさそうに思えますが、間違いなく老化現象です。**試みに一度、速度を上げて歩いてみましょう。**恐らく息が切れて、長い距離をそのスピードでは歩けないと思います。

同じように話し方も速めてみましょう。これも多分できないと思います。いまのお笑い芸能人たちの話し方は、1分間に500字以上のスピードです。

NHKのアナウンサーは、1分間に300字ほどの速度で話すとか。これは高齢の視聴者を考えての話し方だそうです。民放のスピードは若者を意識しているので、お笑い番組では、何を話しているのかわからないほどです。

また、私は企業体質を見るのに、経営者たちの話し方に注目します。若い体質の会社ほど、横文字が入りつつスピーディです。反対に古い体質の会社ほど、話し方にスピードがありません。これは会社の体質というより、経営者の年齢、体質であり、あまり伸びる体質ではなさそうです。

「54歳で老後の運命が決まる」という考え方の中には、この歩き方、話し方のスピー

手でわかる相手の運命①　右手と左手

右利きの人の場合、右手は「自分でつくった手」、左手は「持って生まれた手」。運命的な部分は左手、運勢的な部分は右手でみる。左利きの人は反対。

ドが入っているのです。

歩き方が速い人は、間違いなく健康体です。肥満体では速度が出ませんし、心臓が悪ければ、すぐ息切れしてしまいます。速く歩けるということは、脚力が強靭ということで、年齢より若いということです。また話し方にスピードがある人は、頭脳の回転がよく、舌が滑らかに回っているということは、説得力があると考えられます。認知症とはほど遠い体質です。

試しに毎朝、新聞記事を超スピードで読んでみましょう。最初のうちはつっかえてしまい、なかなか読めません。しかし慣れてくると、うまく読めるようになります。

こういう方法で、職場の後輩や若手を感心させることができます。それこそが、第二の人生を成功させる基本なのです。

ポイント

歩く、話す、読むをスピードアップしてみよう

Wワークで月10万円を稼ごう

ここ最近は複業を認める会社が続々とふえてきました。2018年は「複業解禁元年」ともいわれたほどです。

これは政府が積極的に副業・兼業を促進しているからです。それこそ丸紅や日産自動車、食品のアサヒグループホールディングやソフトバンク、ヤフーなど、日本を代表する大企業が解禁しています。

これからは、複業OKの企業がどんどんふえていくことでしょう。1つには、それを認めないと、優秀な社員が辞めていくからであり、もう1つは、Wワークすることで、新しい技術や情報が本社に入ってくるというメリットがあるからです。

もし複業OKの会社に勤めているのであれば、やらなくてはソンです。複業がのちのちの自分を助けてくれるかもしれないからです。

あるいは仮に、1ヵ月10万円の副業収入があれば、それだけでも大きな貯蓄となります。年間120万円とすれば、10年で1200万円です。

これを株式投資などに回していけば、退職後の大きな安心料になるかもしれません。

その意味で複業をやるとしたら、

（1）起業に使える新しい技術

（2）長くつづけられる小遣い稼ぎ

このどちらかに狙いを定めると、いいかもしれません。

パソコン、スマホを使う副業、趣味やスキルを活かす副業、運転代行、家事代行などなど、細かく挙げればキリがないほど、ふえつづけています。女性に向いているものもあり、積極的にやるつもりになれば、月10万以上になるかもしれません。

近頃は企業で人材が足りなくなっていることもあり、本気でさがしたら、副業というより本業になってしまうものも多いでしょう。

副業はネット上で見つけることもできるようですが、顔を合わせないだけに、やめたほうが無難です。それこそタダ働きになったり、ときによると、特に女性は危険な目にあう可能性があります。

友人などの紹介が、一般的には安全でしょう。弁舌爽やかな人には、セミナー、講演、講師などの仕事も向いています。いまは何も有名人でなくても、テーマによれば一般人でも喜ばれます。

それこそ勉強会などに出席し、一緒にやる仲間をさがして、生徒を集めている人も大勢います。特に最近はマッサージ、体幹運動などの勉強会は生徒が多いようです。すでに現在は高齢者が多いので、それらの人たちの代行業も盛んなようです。

現在の企業は、稼動日数は250日弱になっています。土日、祝日などを加えると、年間に117日（2018年）も休日があるのですから、バイトをやらないほうがソンでしょう。すぐ、さがしてみませんか？

ポイント

収入源をもう1つふやしてみよう

手でわかる相手の運命②　手のひらの開き方

手のひらが広く開く人ほど、異性関係に積極的。広がらない人ほど、保守的で用心深い。ケチでもある。これは恋愛相手を鑑別する、もっとも簡単な方法。

思いきって
いまの生活を捨てる！

あなたはいまの生活に満足しているでしょうか？　結婚生活に満足していますか？
仕事に満足していますか？　収入はどうでしょうか？

不満を抱きつつ生活しつづけるのは、なかなか大変です。私の友人の中には、75歳で病気になる寸前に妻から離婚を告げられた男がいます。

あるいは50代に入る寸前に、長年、性生活のなかった夫に、離婚を申し出た女性もいます。この女性はずいぶん悩んだそうですが、「夫が寝たきりになったとき介護しつづけられるか」で自信がなかったと話しています。

この女性と同じ考えに悩んでいる世の奥さん方は、相当多いのではないかと思います。それまで散々勝手なことをやってきて、奥さんを泣かせてきた夫の下《しも》の世話を、果たしてやる気になるでしょうか？

家庭生活の場合は、これまで満足してこなかったのは女性側でしょう。夫が不満一杯、というケースは少数派だと思います。

これに対して、仕事上で満足してこなかったのは男性側です。ただし、中年になって会社をやめる、いまの仕事を捨てるのは、奥さんの承諾なくしてはムリです。離婚の引き金になることもあるでしょうから。

ただここが大事なところですが、**男としての決断として、いまの仕事をやめるということは、大いにあり得ることです。**私もそうでしたから、その悩みはよくわかります。この悩みをなくす方法は2つしかありません。

（1）退職金などはそのまま妻の手に渡す

（2）どんなことがあっても毎月の生活費は保証する

この条件さえあれば、長年勤めた会社、仕事でも辞めることができるものです。

いまはどの家庭の奥さんでも、いつかは夫の収入がなくなり、年金で細々と暮らす

手でわかる相手の運命③　手の線

手のひらのどの線も、基本的に長いほうが運勢が強い。頭脳、知能、生命ともに、他人より優れていることを示す。ただし、努力次第で変わる。

ようになることを覚悟しています。

これは第1人生期の余得で暮らすということで、実際には自営業よりサラリーマンに手厚くなっています。

自分でお店などを開いていた夫婦は、サラリーマンほどの年金はもらえません。そう考えると余得があろうがなかろうが、収入が半分になっても第二の人生期に働かざるをえないのです。**余得が多ければ、それほどムリに働く必要はありませんが、少ないとしたら、何としても生活費を稼がなければなりません。**

さらにもう一歩突っ込めば、互いに必要ないと確信した場合、いまの生活を捨てなければならないのです。

ぐずぐずしていたら、チャンスを逸《いっ》してしまいます。今日から真剣に、いまの生活でいいのか、あるいはムリなのかを考え、早急に結論を出すべきでしょう。

ポイント

将来の不安をなくすため、いますぐ動こう

第5章

これは要る！
それは要らない！

墓などに使う金はいま使おう！

私はこの年になっても、頑固に、墓を買おうとは思いません。

理由はいろいろあります。

仮に墓をつくっても、これからは、先祖の墓に詣でてくれる子孫は、そんなにいないのではないか？　そんなことを考えているからです。

あるいはこのところ、毎年のように激しくなってきた台風の襲来で、墓石も墓もめちゃくちゃで、そのまま放りっぱなしになっている姿を見ているからです。私は泳げませんので、雨水の中に骨壷が沈んでいるのを見ると、もう一度そこで死に襲われるようで、息苦しくなるのです。

また私の友人の寺に墓をつくろうとしたら、友人は「やめろ」といいます。自分が死んだらここにはビルが建つので、どうせ掘り起こされてしまう。その後も骨壷を預かれる自信がない、といわれてしまったのです。

あるいはまた三重県の私の友人は、

「**いよいよ先祖伝来の墓には、もう誰も詣でてくれなさそうだ。**一人娘が遠い東北に嫁に行って、子どもをつくらないのだ。ということは、村人も少なくなったし、わが家の墓もおれがここに入れば、誰も来てくれない。東京のマンションに入りたいよ」

と口にしていました。

私は敬虔《けいけん》な仏教徒です。宗教関係の本も何冊も出版しています。

それでいてまだ、野辺の墓の中に入るのを躊躇《ちゅうちょ》しているのです。散骨のほうがいいか、それともマンション形式の納骨堂がいいか、決めかねています。

さらにもう1つ、私が墓の購入を躊躇してしまうのは、**元気なうちに墓をつくった友人、知人が、全員先に死んでいる**ことです。

彼らは墓を決めたり、つくったことで安心したのではないでしょうか？

手でわかる相手の運命④　線の形

手の線はまっすぐとは限らない。鎖状になっていたり、切れぎれ、島形、ひし形、三角形でつながる線もある。いずれもまっすぐの線より運勢は弱い。

というのも必ず、

「いや、これで俺も安心だ」

と、どの友人も肩の荷が下りたようにいっていたからです。

何が安心なのかよくわかりませんが、家名を残せること、妻と子と来世も一緒になれること――これが安心感につながるのでしょう。

ただ、いまの地球の状況を見ると、それもいつまで安心といえるのか、わからなくなってきます。

私は自分の墓は、家族でも友人でも、親しい葬儀場の社長でも、僧侶でも、誰かが決めてくれればいいと思っています。

むしろその金があれば、生きているうちに有意義に使うほうが正しい、とも考えています。

もし生活に困ったら、それを使うべきでしょう。まさか生活に困ったから自分の墓を売る、といっても、売れるわけがありません。

金銭は生きているうちに活用することが基本であって、仮にその金が家族に必要なら、墓のために使う必要などありません。

ましていよいよ第二の人生に向かう、という人が「売りものの墓地があるから」と、大切な資金をそっちに向けてしまうのは、どういうものでしょうか？

死後、自分のために「南無阿弥陀仏」「南無妙法蓮華経」と唱えてくれるだけで、ありがたいと思うのですが。

ポイント

お金は生きているときに有意義に使おう

メール、ブログ、フェイスブックは命の綱

自転車に乗ってスマホをいじっている人は論外ですが、逆にスマホをもっているだけで、使っていないビジネスパーソンも論外です。

私はスマホを、若者より使いこなしていると自信をもっている1人です。それというのも、若者はゲームに特化して使っている人が多いからです。

スマホを使ってニュースを深く掘り下げていけば、何時間もかかりますし、四六時中、世界中の動きもわかるでしょう。

よくお年寄りから

「世界のニュースなんか知っても何の関係もない。知ったからといって、生活がラクになるわけじゃない」

という言葉を聞きます。また、

「スマホをいじっても、5分もすればあきてしまうし、メールしようといったって、仲間は誰もやっていない」

ともいわれます。

たしかにそうでしょう。私のフェイスブック友達は何千人もいますが、私より上の年の人は誰もいません。一番近くても70代です。

では60代、50代の人はどうか？　というと、これも非常に少数です。

なぜこれら一線で働いている人たちがブログ、メールを含めて少数派かというと、広がりに興味がないからです。家庭、職場、飲み仲間など、つき合う範囲が決まっているからです。

つまり**50代ですでに自分の範囲を、固定してしまっているのでしょう。**私の周りでは40代で早くも「定年は何歳か？」を気にする人もいます。

それが驚くほど多いのです。どの企業も60～65歳の間でしょう。

しかし厚生労働省は、70歳を過ぎたら寝たきり高齢者になる危険性をはっきり示し

手でわかる相手の運命⑤　手のひらの色

手のひらの色で健康度がわかる。淡紅色が最高。赤い斑点、黄色い人は肝臓に注意。青白いときは貧血気味。薄黒い人は消化器に注意。

ています。

それは誰が考えても、定年でがっくりして、することもなく何年かしたら、頭も身体も動かなくなる、ということです。

それがわかっているのですから、むしろもっと早目に、第二の人生を切り拓《ひら》いていかなくてはなりません。


第一の人生のスタート時期の約20歳のときは、多くの人が誰の力も借りず、自分で自分の人生を切り拓いたのです。

ところが第二の人生のスタート時期の50代ともなると、なぜか自分で切り拓く気がなくなります。会社に頼ったり、年金に頼るのです。

知恵も人脈も20代とは比べものにならないくらいふえているのに、それらは単に飾りものの知恵と人脈なのです。

そうだとしたら、**思いきってネットで交友関係を広げて、自分より若い人たちの助けを借りましょう。**

そのためには、**いまからでも遅くありませんから、メールやフェイスブックで、自分の考えを発信するのです。**

いまの時代は、即座にレスポンスのある時代なのです。

ブログやインスタはラジオやテレビのようなものです。ここに出るということは、いわば出演する感覚です。

出演回数をふやせばふやすだけ、仲間や視聴者がふえるようなものです。私のフェイスブックやブログを参考にしてみてはどうでしょう？

ポイント

情報の収集と発信に積極的になろう

手でわかる相手の運命⑥　指紋

指紋は「渦巻型」「流れ型」「巴型」などがあり、渦巻型が最高。とくに10本の指の指紋がすべて渦巻の「天幸紋」は2万人に1人の幸運の持ち主。

自分だけの特技や技術を身につける

あなたの技術は、これからもあなたを守ってくれるでしょうか？

2018年、大相撲の貴乃花親方が相撲協会から身を引きましたが、あのとき、全部の部屋から、コーチの声がかかったといいます。

横綱、大関だからといって、コーチ的な才能があるとはかぎりません。自分の相撲は強いが、弟子への教え方がうまくない親方は、大勢いるのですから。

ところが貴乃花が部屋の親方だったときに教えた弟子たちは、ほぼ全員が活躍しています。これはコーチの仕方が上手だった証明です。

私たちは必ず、何か1つは技術をもっているはずです。会社に勤めて20年、30年仕事をしていれば、人に教えられるだけの力をもっていることでしょう。

問題はそれが金になるか、という点です。金になる、収入を生む特技であれば、腕を磨いておきましょう。それが第二の人生の収入源になるのですから。

ところが仕事によっては、金を生まないものもあります。それは誰でも早くからわかるはずです。残念ながら運が悪く、そういう仕事に回されてしまったからです。

そこでそういう社員たちは、**できるだけ早くから将来のことを考えて、生きていくためのセカンドワークを身につけなければなりません。**

私はイザというときのことを50代から考えていましたが、何も仕事がなければ、夜警など深夜勤務の仕事をするつもりでした。誰にも負けない特技として、深夜勤務だけは、若い頃から得意だったからです。

いまでも深夜型なので、これだけは私の特技として、何にでも使えると自信をもっています。多くの人は年を取ったら朝型になり、夜の仕事は避けようとします。そんな中で深夜から早朝まで働きたいといえば、何かしら仕事はあるはずです。

深夜の土木工事でも、大道易者でも、マスコミの仕事でも、何か1つぐらいはやっ

ていける！　これが自信になっていると、ほかの仕事で勝負することも、可能になります。

私の友人は若い頃から樹木が好きでした。珍しい趣味なので注目していたところ、ある日、小さな盆栽をもってきて、「お前にやるから育てろ」というではありませんか。私にはその趣味はなかったので「もったいないから返す」ともって帰らせたのですが、この男はいま悠々自適の生活をしています。

いまや盆栽は日本だけでなく、外国でも売れるそうです。これは趣味が最高の利益を生んだ珍しい例ですが、ともかく若いうちに高齢になったときの働き方を考えておくべきでしょう。

自分と家族を助けてくれる特技や技術だけは、早くから学んでおくべきです。

ポイント
老後に金になるスキルを身につけよう

絶対必要なものは運、カン、体力

日頃から自分は運がいいか、カンが鋭いか、それほど病気をしないか——それを知っておくことは大事です。50を過ぎたら、ほとんどの人は、自分の運・不運がわかっているはずです。

たとえば会社で、出世街道を後輩に追い抜かれてきた人は、不運なタイプといえるでしょう。

反対に先輩を追い抜いてきたケースは幸運です。このタイプだったら、会社で最後まで働いていても安全でしょう。むしろ役員になる可能性が高いからです。

カンは勝負事でわかります。

競輪、競馬、宝くじのようなものでも、カンの鋭い人はいるもので、このタイプは、世の中の情勢を見る目をもっています。

最近は10年後、20年後に職業がどうなるか、というテーマが話題です。オックスフォード大学が10年後になくなったり、消えていく仕事や職業を発表しましたが、こういうものを、カンでわかる人がいるものです。

中でも鋭いカンの人は、これら消えるといわれている仕事から、実際には消えないものがわかってしまうのです。

一例を挙げると、「次の選挙では落選する」とマスコミや周りからいわれている候補者に、なぜかぴったりついて回る男がいます。彼は風評ではなく、自分のカンを信じているのです。

そしてそのカンが当たり、いい仕事、いい立場に立つのですが、このタイプは勝負カンが働くのでしょう。

体力も人一倍あれば、それは大きな財産になります。近頃の若い経営者は、一見するとよく遊びます。

それも飛行機を操縦したり、サーフィンをしたり、海に潜ったり、スポーツクラブに通ったり。いつ仕事をしているのかと思ってしまいますが、仕事はスマホ1台手許にあれば、できてしまうのです。

彼らはこうやって、イザというとき、他の経営者に負けない体力、知力を養っているのです。これが20代、30代の経営者を生んでいる原動力でしょう。

大局的に見ると、最近の若手経営者は、経験、知性などにあまり重きを置いていないようです。

彼らがなぜ運、カン、体力を重要視するかというと、ITを基本にしているだけに、経験、知性はIT任せ、悪くいえばITのほうが優秀だからです。

そうなると**運、カンなど、ITのもっていない部分を人間が必要とする**ことになったのです。また無限の体力をもつITに対抗するには、こちらも体力がなければ身が保ちません。

さらに近頃は、24時間をフルに働く体制に切り換わっており、昼でも夜でも楽しむ

西洋占星術の豆知識①　星座と運命

星座で性格はわかるが、運命はわからない。生まれた正確な時刻とそのときの惑星の位置によって、ガラリと運命は変わるからだ。

意識が必要になってきています。

夜の食事だからアルコール付き、とはかぎらなくなってきました。

こういったビジネス環境についていける感性の持ち主でないと、70代、80代まで働いていけません。

私は80代の現在でも、運、カン、体力を、もっとも大事にしています。

ポイント

自分の運、カン、体力を把握しておこう

人を笑わせられる人は怖いものなし

相当前の話ですが、ヤクルトのエースにTという投手がいました。彼は39歳で自殺したのですが、その前、半年ほど野球の仕事がなく悩んでいました。最後にかつての恩師に相談の電話をかけたあと「一度会って相談しよう」という恩師の言葉があったにもかかわらず、自殺してしまったのです。

このときマスコミだけでなく、世間一般でも「年齢と仕事」が大きな話題になったのですが、さらに「**プライド**」が、中高年ビジネスパーソンの中で話題に上りました。

若いときは失敗がつきものであり、1度や2度、大学受験や就活に失敗しても、それで前途を悲観する人は、めったにいないでしょう。本当の人生はそれからであり、自分の周りには、同じような失敗者が大勢いるからです。

ところが**人間は、1回成功したあとの失敗に、焦りや屈辱を感じる動物なのかもしれません。**人生のどん底に落ち、そこから這い上がれなくなるのです。

私の知っている例でも、目の前からいなくなってしまった友人もいます。関西方面で見かけたという人もいますが、くわしいことはわかりません。その人はバブル崩壊で地位も財産も失い、耐えられなかったのでしょうか?

これもひと昔前の友人ですが、フジテレビから吉本興業に移った横澤彪《たけし》という名プロデューサーがいました。テレビにお笑い番組を入れ、一世を風びした男です。彼と私とは、偶然同じ社長の下で働いていたことがあり、いわば同門の後輩でした。彼にいわせると「**人を笑わせられれば、怖いものはない**」とのことでした。大勢の人を笑わせるには、まずプライドを捨てる勇気がなければならない、とのことでした。

人を笑わせるには、笑われる勇気が必要です。いまでこそお笑いは、エリート学生が憧れる職業になりましたが、最初は人間の誇りを捨てなければ、できなかったものです。

いまの大相撲には「初《しょ》っ切《き》り」という、面白い芸を見せるお相撲さんがいますが、これは明治40年に、片福面《かたおかめ》大五郎という相撲取りによって、大相撲のショーに定着したといわれています。

この芸により、横綱より宴席に呼ばれる回数が多かったそうですが、相撲取りとしては、最初は屈辱だったのではないでしょうか？

私も大勢の前で、女性を一瞬で口説く芸を見せます。テレビで見た方もいるでしょうし、講演会でやって見せることもあります。

考えてみると、88歳になろうという男がやるような芸ではありませんが、そんなプライドは最初から捨てています。**いまは笑い者になる、または笑わせる時代です。**むずかしい顔や話は、思いきって捨てることです。

ポイント

プライドを捨て、人を笑わせよう

西洋占星術の豆知識②　星座のグループ

12星座は「①牡羊座、獅子座、射手座」「②双子座、天秤座、水瓶座」「③牡牛座、乙女座、山羊座」「④魚座、蟹座、蠍座」の4グループに分かれる

人生の基本観は動かさない

文藝春秋という出版社があります。文壇の登龍門、芥川賞、直木賞はこの社が主催しています。この社は菊池寛という作家によって創られました。

といっても、作家としていまでも残っている名作はほとんどありません。なぜなら貧乏のどん底にあった生家を助けるため、文学作品は一切書かず、通俗小説、大衆小説ばかり書いたからです。

これは第二の人生に飛び込む人にとって、非常に大切なところです。昭和の大作家、松本清張先生も父母や子どもたちに、温かいご飯を食べさせようと、大衆小説を中心に書いたのです。

菊池寛は自分の「**日常道徳**」ともいうべき13ヵ条をつくり「文藝春秋」誌上に発表

しています。これが実に生々しく、50代の人たちの心をズバリと刺すものです。

◎自分より富んでいる人からは、何でもよろこんでもらう。もらうものは快くもらい、やるものは快くやる

◎他人にご馳走になるときは、できるだけたくさん食べる。まずいものをおいしいという必要はないが、おいしいものははっきり口に出そう

◎人から無心をいわれるときは、その人と自分の親疎によって決め、一面識の人なれば断わる

◎生活費以外の金は、誰にも貸さないことにしている。生活費なら貸すが、その人のために、このくらい出しても惜しくない金額しか貸さない

◎約束は必ず守りたい。不可抗力以外、私は破ったことがない

◎貴君《きみ》（菊池寛）のことを誰々がこういったといって告げ口する場合、私は大抵聞き流す。なぜなら悪口だけが伝わることが多いからだ

◎私は遠慮しない。自分自身の価値は、相当に主張する

◎人への親切、世話は慰み（注・楽しみ）としていたい。義務としてはしたくない
◎自分に好意をもってくれる人には、好意をもち返す。悪意をもつ人には悪意をもち返す

知っておいてトクなものだけを出しましたが、実に考え方がはっきりしています。まさにこの通りに生きるべきだと、感心してしまいます。

私はこれを手帳に書いてありますが、ときどき若い人たちにも話しています。この生活信条があれば、死ぬまで失敗はないとさえ思えるほどです。

人間の運命というものは、こういう基本観があるかないかによって、大きく異なるものです。苦しいときでもラクなときでも、信条は動かさないことです。菊池寛は、私たちにその大切さをいい残してくれています。

ポイント

自分の信条を持ち、それに従って生きよう

第6章

いまならまだ変えるチャンスが残っている

いったん生活を縮小してみる

54歳は前半生と後半生の、分水嶺《ぶんすいれい》と考えてみましょう。そうすると、これまでの生活をそのまま継続していいかどうか疑問に思えませんか？

たとえば結婚していれば、**この時期にそこでしばらく夫婦で旅行してみるのはどうでしょうか。**

私たちの生活には節目があり、その最初の節目は60歳の還暦です。それから70歳の古希《こき》、77歳の喜寿《きじゅ》、80歳の傘寿《さんじゅ》、88歳の米寿《べいじゅ》とつづいていきます。

昔はここまで元気でいるのが珍しかったので、次々と祝いの席を設けていました。

しかし、いまでは男性の平均寿命が80・21歳、女性の平均寿命は86・61歳ですから、それを越えて初めての祝いとなる88歳の米寿から祝ってもいいのではないでしょうか。

そのくらい長く生きるのが、ふつうになってきたのです。

その代わり、人生の大事な節目となる年齢に、これからの生活を考える旅行をするほうが記念にもなると思います。

実際、いまの役所は88歳の米寿になって、初めてお祝いの手紙を送ってきています。むしろ行政のほうが一歩進んでいるようです。

最初の分水嶺となる54歳では、一旦生活を縮小してみましょう。

たとえばこんなに広い家が必要なのか？

スーツやドレスを、「買う」のではなく、「リース」という新しい方式に切り換えられないか？

あるいは断捨離をしてみる。売るのではなく捨てる、という考えもあります。

女性ならもう一度、働いてみるという選択肢もあります。ある時期から仕事をやめている女性も多いと思いますが、もう一度働く気になると、急に若返ることもあるようです。

西洋占星術の豆知識③　獅子座

獅子座は太陽の支配を受ける。誠実、快活、寛容という美点と、独断、見栄っ張り、横柄などの欠点を持つ。男性は野心的でやや権力志向。

あるいは男女とも、仕事を2つもってもいいでしょう。新しい仕事をテスト的にやってみるということもできます。それも1人ではなく、友だちと共同でスタートするのもいい方法です。

あるいは**月に〇万円は生活費を縮小する、といった形式で、年金生活をテストしてみるのもいいかと思います。**

縮小した金額はそのまま貯金しておけば、第二の人生の生活の土台にもなるので一石二鳥です。

それこそスポーツクラブに行っていたとすれば、それを自分でできる運動に変えてみるのも一法です。

私はスポーツクラブには一度も行ったことがありませんが、それでいて87歳にしては、信じられないほどの若さです。

たしかにスポーツクラブに行けば、かっこいい体型にはなりますが、だからといって、100歳まで生きられるかといえば、そう単純ではありません。

スポーツクラブで身体を鍛えればたしかに体型はよくなりますが、体内から健康になるわけではないのです。そうだとしたら、毎日、坂道を上がったり下ったりして歩く人は、クラブに通う必要はありません。

自分の工夫でできることは何でもやってみて、1段も2段も、暮らしを縮小してみましょう。

ポイント

不必要なものを見直し断捨離してみよう

西洋占星術の豆知識④　蟹座

蟹座は月の影響を受ける。女性的でロマンチック、想像力豊か。反面、移り気で利己主義の一面もある。営業関係は不得手。むしろ、1人の仕事が向く。

もし別れるならいまがチャンス！

男性も女性も何か行動を起こすなら、50代が最大のチャンスです。

たとえば離婚――。もちろん離婚は、しないほうがいいに決まっています。しかし現実には、毎年約3組に1組は別れているのです。

ということは、どうしても別れざるを得ない理由が存在する、ということでしょう。それを責めても叱っても、仕方がありません。天の摂理なのですから。

ただそうはいっても、**離婚する場合は、互いに迷惑が最小限で済むようにするのが最後の愛情というものです。**

そう考えると、**人生の最後の最後に別れることはやめるべきです。**どちらも余力を残して別れるほうが、裁判になったとしても、揉め方が少ないはずです。

私の考えでは、互いに60歳以上になって別れるより、50代が最後のチャンス、と捉えたほうが、優しさがあるような気がします。なぜなら、**この年頃であれば次の結婚の可能性があるからです。**

60代になると、恐らく可能性は、ぐっと減るでしょう。70代は論外です。何度も出ているように、この年代の前半に健康寿命の限界が来るからです。

以前と違って女性も長く働いている人が多くなったため、高齢で離婚の決意をしやすくなっているのも事実です。

女性の平均年収は、国税庁が発表した「民間給与実態統計調査」のデータを見ると280万円。また年金制度も「結婚期間中に夫が支払った保険料の厚生年金を夫婦で分配できる」ようになっています。

このように見てくると、50代が最後のチャンスです。

またセックス面から見ても、あるいは女性の美しさや行動力など、さまざまな面を点検しても、50代ならお互い、次の相手を見つけられそうです。

いまの50代は男女両性とも、まだ若々しい人が多く、ひと昔前のこの世代とは、まったく違います。それに女性は、50代前半で生理が終わります。

以前はそれでがっくり来た人が多かったのですが、いまは反対に「妊娠の危険がない」というので、浮気する女性も出てきました。それだけ活発になっているのです。

不思議なことに、男性のほうが年齢に敏感です。50代になると急に老ける人が多く、考え方も話し方も老人っぽくなります。

それは「ビジネス人生がほぼ終わった」と自覚した人に多い現象です。反対にビジネスの成功者ほど活発です。あなたはどちらでしょうか？

いずれにせよ、**離婚を考えているようなら、ギリギリの限界を設けること。**それが互いの不幸を抑えることになり、スムースに話が運ぶはずです。

ポイント

離婚を考えているなら、いまのうちに決断しよう

あなたの想像以上に社会は大きく変化する

いまから約30年前に、私は『女がわからないでメシが食えるか』を最初の1冊とし、それから『女がわからないでヒトが活かせるか』（サンマーク出版刊）など、全5冊を書きました。

この中で私は20年、30年後の社会を予想したのですが、**予想より現実は、はるかに先を進んでいます。**

それこそ30年前の社会状況をここに書き出すと、「ウソだろう？」と、疑うのではないでしょうか？

たとえば主婦の収入をあてにしない家庭のほうが多かったり、職場には給湯室に小さな鏡しか置いてありませんでした。女性の働き手がまだ少ないだけでなく、女性に

西洋占星術の豆知識⑤　牡牛座、天秤座

牡牛座と天秤座は金星の影響を受ける。直感力が強く芸術的。怠け癖があり、やや消極的。快楽と贅沢を好み、金の出入りが激しい。

気を遣う企業がそれほど多くなかったのです。

いまでしたら、そんな企業に女性は見向きもしないでしょう。

当時の女性は短大に進学するのがふつうで、四大卒の女子学生は「生意気なので使えない」という風潮でした。それがいまでは短大が激減し、女子大もなくなろうとしています。

また30年前はまだ店舗時代で「全国2万店を切った商売はなくなる」という予言をしたところ、あちこちから攻撃や非難を浴びましたが、いまはまさにその通りになっています。

もっと大きな変化は「**水化現象**」です。水が売れる時代がくることを予測したのですが、いまではコンビニエンスストアでペットボトル入りの水を買うのも、もう当たり前になっています。

このように**10年、20年、30年先を読んでいくと、自分だけでなく、わが子の職業選択にも大きなプラスとなります。**企業の方でも、早くも22世紀を目指している最先端企業も出てきました。

企業ではありませんが、高校にも「N学園」といった、新しいスクールが誕生しています。Nとはネットを指しますが、角川ドワンゴが設立した広域通信制課程の高校です。

さらに2019年からはN中等部も開校します。東京都内に開校するものですが、ネット社会に合う人材を育てる学校です。

こういう試みは21世紀後半、あるいは22世紀を目指す新しい教育法ですが、将来は当たり前になることでしょう。

私は昔から普通の人よりも未来のことを想像し、そのための情報収集をしてきましたが、そんな私のイメージすら超えて、社会は大きく変化しています。第2章で「未来眼鏡」を紹介しましたが、こうした道具をうまく使ってこれからの社会を考えると、自分でもびっくりするような考えも生まれます。

一例を挙げれば、そのうちにサイボーグと結婚する人が出てくるでしょう。「バカ

西洋占星術の豆知識⑥　牡羊座

牡羊座は火星の影響下にある。勇気、開拓精神、エネルギッシュといい面も多いが、反面、争いも多く、人生の時間と金を浪費する。頭痛などに注意。

なことをいうな」という声も出そうですが、特に中国のように人口が多いと、全員が結婚できるとはかぎりません。

そのうちに人間とまったく変わらないサイボーグが現れれば、男性も女性も、自分が理想とするサイボーグをパートナーにして、一緒に暮らすことができます。

そんな夢みたいなことを考えて、次にはやるビジネスを予想してみるのも面白いでしょう。

ポイント

未来を予想するクセを付けよう

天職は子どもの頃の趣味にあった！

「もう遅いかな」と思う人もいるかもしれませんが、それでもまだ数十年の現役年数がある！　と考えて、これまでの職業を変えてみる手は残されています。

これまでの考え方だと、50の坂を越えたら間もなく定年だ、と深刻になりますが、これからは間違いなく、80歳までは働かなくてはなりません。

櫻井式未来眼鏡によると、**「停年」はあっても「定年」はなくなるでしょう。**

停年は年勘定をストップする言葉で、仕事をストップすることではないのです。

たとえば私の遊び名刺には**「79＋8歳」**となっています（図参照）。

これは79歳で年をストップしたからで、現在私は自分を8歳の子どもと考えて、もう一度、小学校の勉強をしているつもりです。

筆者の「遊び名刺」

たったこれだけで、初対面の方と名刺交換すると、私は一挙に若返ったつもりになってしまうのです。すると不思議なことに、**自分の小学校時代が思い出されるようになり、趣味や得意科目が次々と出てきます。**

そうだった！　私は小学4年生のとき、先生から作文をほめられ、新聞に詩を投稿しはじめたんだ！　などと記憶が蘇ります。これによって私が編集、出版、作家の道を辿ったのは間違いではなかったのだ、と自信をもったのです。

私は22歳から小説担当の編集者になったのですが、私の知る有名作家たちのほとんどは、小学生か、中学生で小説を書いています。まさにそれが天職であると信じて、貧乏作家時代を耐え抜いたのです。

もしかするとあなたは、途中で挫折するか、あまり専門的な得意科目がなかったのかもしれません。あるいは他人に負けない知識と知恵があったにもかかわらず、さまざまな理由から、その方面の仕事をあきらめたのかもしれません。

そこで、**まだいまから転職しても十分間に合うというつもりで、運命の舵を大きく切ってみてはどうでしょうか？**

西洋占星術の豆知識⑦　射手座

射手座は木星の影響下にある。向上心があり慈悲深い。目標を高くもつとよい。反面、他人には無頓着なため、独断的になるおそれもある。

私の友人に「ここまで来たら芥川賞！」と声を大きくして、私に伝えてきた1人の男がいます。これまでは親と妻子を食わせるために、好きでもない実家の仕事をしてきたが、あとは息子に任せて、俺は芥川賞を目指すんだ！　といってきたのです。

私からすると「それは無謀だ！」と思うのですが、妻子を泣かせるほどではないと思ったので「じゃ、俺が指導してやろう」と彼を喜ばせてやりました。

妻子に心配をかけるのは仕方ありません。それは、新しい仕事にはつきものだからです。しかし「泣かせる」のは違反です。この微妙な差違がわかるようであれば、大いに冒険すべきでしょう。

これまでにもいろいろ後悔はあるでしょうが、それは誰にもあります。しかし人生最後の冒険は、妻子に泣いて反対されるのでなければ、男の場合、決意していいのではありませんか。

ポイント

自分の年齢を意図的にストップさせてみよう

13 21世紀のコンセプトが21世紀の柱になる

私より早くに21世紀を展望した、船井総研の船井幸雄さんがいました。船井さんは私より2歳年下でしたが、残念ながら81歳で亡くなっています。

船井さんは自己啓発書の作家でもありましたが、早くから精神世界に目をつけ、スピリチュアルな言動で周囲を驚かせました。

私も同じように早くから精神世界、宗教世界に目をつけました。この1930年代に生まれた人たちは、自分でいうのも何ですが、どの分野、業界でも、非常に優秀な人が揃っていました。

というのも世界大戦が1945年に終了し、戦前、戦中の指導者が総退陣をしたあと、若いにもかかわらず、日本を背負って立たざるをえなかったからです。

西洋占星術の豆知識⑧　山羊座

山羊座は土星の影響下にある。忍耐強く堅実、独立心もあって勤勉。反面、小心で孤独。非社交的なので、仕事は専門方面が向く。湿疹、爪、歯に注意。

この年代の人はそれだけに、手さぐりで次の時代をさがし求めたので、先見力が異常に備わっていました。

船井さんはまだ20世紀の頃、21世紀のカギを握るのは、次の13のコンセプトだ、と語ったことがあります。

①健康
②美
③安全
④ローコスト、ハイクオリティ
⑤本物（蘇生化）
⑥水とセラミック
⑦バイオ、波動、AI技術（人工頭脳、ロボット技術）
⑧エコロジー
⑨統合化
⑩共生化

⑪　仲間づくり

⑫　節約（もったいない……という考え方）

⑬　自然と良心

私はこれを聞いたとき、衝撃を受けたものです。多分船井さんが60代の頃だったと思うのですが、非常に若くて鋭い頭脳をもっていると驚いたのです。

ふつうの経営者だと、専門的には深いところまで読めるものですが、広く普遍的に見通すことは、なかなかできないものです。

近頃では若手でもすぐれた人物が出てきました。私はスタートトゥデイ（ＺＯＺＯＴＯＷＮ運営会社）の創業者、前澤友作社長を非常に高く買っていますが、それは実に幅広い視野の持ち主だからです。

総資産３千億円でありながら、金に糸目をつけず月に旅行客として往復するとか、1作品で62億以上の値をつけたミシェル・バスキアの絵を落札しています。

つまり彼は、**自分で目をつけたいくつかのコンセプトで、ビジネスを成り立たせて**

いるのです。これはイーロン・マスク（天才起業家）、ジェフ・ベゾス（Ａｍａｚｏｎの共同経営者）、マーク・ザッカーバーグ（フェイスブック共同創業者）などと似ています。

ここでは世界的な企業家の話となりましたが、**私たちがどこかの会社に転職する場合、やはりこれから大きく伸びる業種のほうが、将来性があります。**

私は船井さんの話の中では、⑪の仲間づくりを大事にしています。

これならたとえ資金がなくても、同じ方向を向いた仲間さえ集まれば、新しいことができるからです。また資金を集めたければ、クラウドファンディングでもできるでしょう。

ポイント

これから伸びる業界を見定めよう

拍手、握手、ハグの大切さ

50歳を過ぎても誰でもできるのは、**拍手、握手、ハグ**です。ところが誰にもできるはずなのに、意外にこの年代になるとやりません。

拍手も「周りがやっているから自分もやるか」程度で、握手も心を込めていないように見えます。

ハグに至っては、女性こそしっかり親愛の情を込めますが、中年以上の男になるとみっともないと思うのか、それとも照れてしまうためなのか、相手の肩を叩くのがせいぜいです。

この3つの挨拶をしっかりするだけで、急に親しくなれることがあります。

西洋占星術の豆知識⑨　双子座、乙女座

双子座と乙女座は水星の影響下にある。知識もあり、弁が立つ。反面、おしゃべりでずる賢い欠点もある。マスコミ、芸能、外交関係に向いている。

日本人は誰でも、タテに両手を合わせて拍手します。

これは神社などで参拝をするとき、「二礼二拍手一拝」で手を合わせて拍手をするよう、しつけられているからです。

ところが、中国人の拍手は異なります。彼らは左手に右手を打ちつけるように、拍手を送ります。

これは左手（相手）に右手（自分）を合わせるようにして歓迎する形といわれます。これを強く打ちつければ熱烈歓迎ということでしょう。

握手も仕方によって、一瞬で親しみや愛情を相手に送ることができます。

50歳を過ぎてくると、次第に友人が少なくなるような気になります。それが不安なのです。

しかし、いちがいにそうとはいえません。私たちはよく名刺を交換しますが、多くの人はそれを後生大事にしまいます。名刺を交換しただけで人脈が広がったと錯覚しているのでしょう。

名刺をいただいたからといって、親しくなるわけではありません。特に上位の人はすぐ顔も名前も忘れてしまいます。**このとき印象に残る握手をしたら、記憶に残してくれるかもしれません。**

まず多くの人は、目上の人となると頭を下げて、ゆるやかに握ってしまいます。これだと顔も覚えてもらえませんし、握手の印象も残りません。

目上の人間と握手をするときは、頭を下げず、まっすぐ相手の目を見返して、しっかり握らなければなりません。

このとき、左手を添えてしまったら失格です。左手を使えるのは目上の男性と女性だけだからです。

こういう一瞬のマナーができるところを見せるだけで、相手は「おやっ?」と感じます。「おぬし、できるな?」と思ってくれるのかもしれません。

ハグの場合は、こちらからするのは避けたほうがいいでしょう。相手が外国人だと同性愛の相手と誤解されることもあります。

男であれば、相手から腕を差し伸ばすまで待つべきでしょう。女性から腕を広げて

西洋占星術の豆知識⑩　水瓶座

水瓶座は天王星という遠い惑星の影響下にある。そのため、平凡を嫌い、新しい仕事ほど有利。独創性、自由、改革性という長所の反面、風変わりで強情。

きたら、むしろしっかりハグすることが大事です。

この3つのマナーをきっちりできるかどうかで、チャンスをつかんだり、逃がすこともあるのです。

この年齢になると、チャンスが少なくなります。

それだけに、しっかり逃がさないよう、練習することも大事です。

ポイント

アクションはしっかり相手の印象に残すように行おう

第7章

自分の性格の基礎を知っておこう

いかに「きずな」を切らずにつづけるか

私がいま社長をつとめている出版社の社名は「きずな出版」です。

漢字では絆という文字を書きます。元はといえば、犬や馬、鷹などを、立木につないでおく綱を指します。

いわば、人と人とをつなぐひもや糸のことです。

この出版社とつながったら、お互いにそのご縁を大切にして、切らないようにしましょう、という意味です。

森村誠一さんという推理作家がいます。私とほぼ年齢が同じなので、同時代人ですが、**この人のすごさは、ご自分の新作が出たら、必ず贈ってくださる点です。**

若い頃につき合いはじめたので、その点数は厖《ぼう》大です。いわば運命の糸は切らないという信念の持ち主といってていいでしょう。こうなると、その後1回も会わなくても、きずなはしっかりつながっています。

私にはこういう人が何人もいますが、いまの人たちの中には、このきずなを大切にしない人が多いようです。

では、なぜ大切にしないのでしょうか？

それは自分を高く評価しないからです。「私なんて」と謙遜したり、尻込みをしてしまったりする人が非常に多いのです。

それも若い人だけではありません。50歳を過ぎてしっかりした方でも、内向きになる人が少なくありません。

ためしに、自分の手のひらのすじを見てみましょう。

心理学でも応用されているので知っている人も多いでしょうが、**生命線と頭脳線のスタート地点がくっついている人は内向性、離れている人は外向性といわれます。**

手相でわかる内向性と外向性

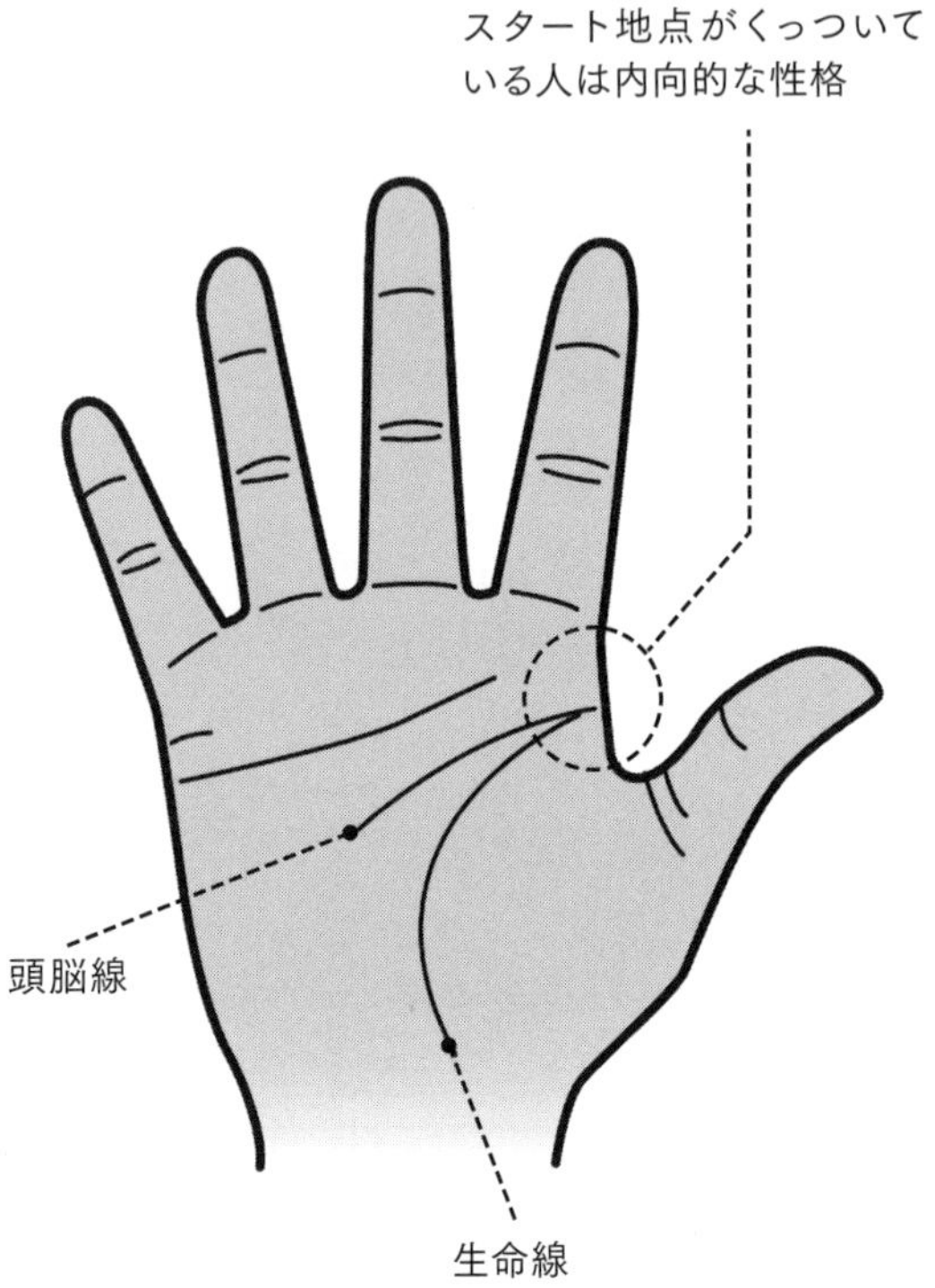

この内向性の方が多いからでしょうか、驚くほど自己否定の男女がいるのです。そうした性格がマイナスに働いて、せっかくの機会を逸する人が少なくありません。もったいないな、と思います。

ただし外向性の人にも欠点があります。

一番多いのは、

「先日××の会でお目にかかった○○です。一度お時間をとっていただけないでしょうか？」

こういうメールが届くことです。

本人は相手を知っていても、あちらが覚えているとはかぎりません。いかに上位の人と会えるかの工夫がまったくないのです。

これではせっかくのきずなをうまく活用することは不可能です。

私は**成功と失敗の間には、「きずな」の存在がある**と思っています。いかにこのきずなを活用するかで、第二の人生は大きく変わってしまいます。

西洋占星術の豆知識⑪　魚座

魚座は海王星の影響下にあるので、大胆な発想と直感、美的センスを持つ。反面、不安定でセンチメンタルな一面もあり、堅実な伴侶や仲間が必要不可欠。

運命の糸は少なくとも切らずに何年、何十年もつなげておくことです。

前半生につながった糸が、後半生で強いひもや綱になることを信じ、大切にしましょう。

年賀状1本、暑中見舞のハガキ1枚でも、大きな運命の転換となるのです。

ポイント

人との出会いをしっかり「きずな」に変えよう

ツキにすがるようでは危ない！

あなたはツキがありますか？

一瞬の差で夕立に降り籠められなかった！　あるいはデパートで並んでいたら、自分の前の人で売り切れてしまった！　という人もいるでしょう。

こんなときは誰でもツキがよかった、ツキが悪かった、と思うものです。

世の中は2割（10人中2人）の人が全世界の富の8割を占め、残りの8割の人が、2割の富を争って手に入れる、といわれます。

最初から10人中2人は、ツキとはまったく無関係なのです。残りの8人が争って奪い合っている中で、残っている2割の富の中の相当部分を、ツキのある人がさらっていくことになるのです。

西洋占星術の豆知識⑫　蠍座

蠍座はもっとも遠い星、冥王星の影響を受ける。始めと終わり、再建という意味があり、職業では医師、劇作家、警察などに適している。

よく「ツイてる」「ツイてる」といえば、自然とツキが出てくるといわれますが、どうでしょうか？　しかし「ツイてる」などといわなくても、最初から富を手に入れている人がいることに注目しないと、運命は大転換しないものです。

そこで、**できることなら、ツキとは無関係な生活をしたいものです。**夕立に降り籠められないように最初から高級車に乗っていれば、ツキなど不必要になります。デパートに並ばなくても、買える身分になればいいのです。

こういうと、自分には関係ないと思うかもしれませんが、実はそうではありません。現在ではネットで依頼すれば、たちまち品物が届く世の中です。

忙しい、忙しいという人にかぎって、自分の身体を動かしています。見ている人のほうも「大変だなァ」と思ってしまいますが、そういう人は、時間を大きくムダ遣いしていることになります。

「ツキがある」ということは「**お月さまが見ていてくださるからだ**」という人もいます。いわば夜まで働けば、余分なものまで得られるという考え方です。この考え方の基本は「動く」「働く」という点にあります。しかしいまは1人だけが動いていても限界があります。まもなく空飛ぶタクシーが出現してくる時代です。

運命をツキに託すのは20世紀型タイプであって、21世紀、22世紀型ともなれば、ツキなど必要なくなるものです。

もともと日本では、ツキはマージャンなど勝負事に使われた運命論でした。しかしいまはそういう勝負事は古くなり、次第に好きな人は限られてきました。

私たち一般人は、こういう「ツキ」からは離れる時代に入ったのです。まだツキを大切にしている人に出会ったら、古いタイプと思っていいでしょう。あるいは社会の中位以下の人たちだ、と思っていいかもしれません。

特に54歳から何かをスタートさせたいと思うくらいの人であれば、そんなツキではなく、実力こそ大切です。

ポイント

ツキとは無関係な生活を目指そう

指と爪の型と仕事が合っていたか

私たちは「形状学」ともいうべき人体構造によって、ある程度は性格が決まっています。

この構造には声、寝方、歩き方、走り方も含まれているもので、**私たちは初対面の人でも、これらの形状によってある程度判断できます。**

男性でも女性でも、声が太ければ男性的であり、細ければ女性的です。歩き方でもさっさと歩ければ決断力が早く、歩き方が遅い人は何事にも遅いでしょう。

人間も50を越えると、占いなど知らなくても、相手の性格や人間性を見抜くことができるようになります。

ところが面白いことに、「あの人はすごい！」「あいつはダメだ」と周りの人の性格や能力はわかるのに、自分のことになると意外にわからないものです。

ここで自分の指と爪を見てみましょう。

どんな形をしているでしょうか？

（1）尖頭型――先が細かくなっている華奢《きゃしゃ》な手

（2）円錘型――尖頭型よりやや丸みを帯びた手

（3）結節方――各節がゴツゴツと太い手

（4）四角型――指の先まで角ばった手

（5）へら方――指頭が横に広がって、へらのような形をしている手

（6）原始型――全体にぶ厚く、手のひらと指が短い手

（7）混合型――2種類以上の型が混じっている手

どんな人でも、指の型はこの7つの中に含まれています。占いでいうならば、

顔のチェックポイント①　男の悪相

「頬がこけ頬骨が突出している」「額が狭くカサカサ」「若くしてほとんど白髪」「眉が短く切れぎれ」「口が小さい、あるいは唇が異常に赤い」

〈尖頭型の性格〉女性に多いタイプで、ロマンチストです。男性だったら見栄っぱりで派手、遊び好きです。

〈円錘型の性格〉芸術的な天分があります。個人的仕事に向いていますが、やや浪費家です。

〈結節型の性格〉物質、金銭への関心より思索型。ビジネスはあまり得意ではありません。

〈四角型の性格〉がっしりした生活を築く。家族に強いので、着実に上がっていくタイプです。

〈へら型の性格〉全体に丸みを帯びていますが、やや扁平で広く感じます。社会的に大きく成功する可能性があります。

〈原始型の性格〉堅実。知的な仕事より力仕事向き。身体が頑丈で、ときに粗暴なふるまいをすることもあります。

〈混合型の性格〉親指と小指を除きます。（1）と（2）とか（3）と（4）など、両方の性格が混じり合っています。

このように指と爪を眺めていると、これまでの仕事が自分に合っていたかどうかがわかります。

いや、50を過ぎていたら、すでにこのことは、十分わかっているはずです。**自分が満足できる半生を送ってきたか、不満足だったかは、指の型と爪の型がそれまでの仕事と一致していたかどうか、なのです。**

いまからでも遅くないので、指、爪の型に合った仕事を見つけてみませんか？

これからでも、思いがけない成功を収めるかもしれません。

ポイント

自分の爪の形を確認しておこう

顔のチェックポイント②　女の悪相

「前歯が出て笑うと歯茎が見える」「そばかすが多い」「目尻がつりあがっている」「眉が濃く、つながって1本にみえる」

50歳を越えたら口とあごが大事

聡明そうな額、精力の強そうな鼻、意思の頑固そうな唇、あるいは好色そうな唇、つんとすました鼻、人のよさそうな鼻などなど――初めて会う男性でも女性でも、自分で無意識にこういう分類をしていませんか？

それは長年の経験から、一目で相手を見抜く技術を自分なりに習得したのでしょう。そしてその見方、分類の仕方は実によく合っています。

テレビドラマの主役には、それぞれの性格に合った俳優が配置されています。さらにその上に、性格に似た化粧までしています。

このことは人相学を勉強しなくても、視聴者はそれぞれの顔によって、ちゃんと性格を見抜けるということなのです。

ここで自分の顔をよく見てみましょう。

鏡に映った自分を観察すると、自分で自分の強さと弱さ、強味と弱味、人に好かれるか嫌われるか――などの性格がわかってくるものです。

もちろん顔だけで決めるわけにはいきませんが、自分がどんな人と仲がいいか悪いか、認められているかそうでもないか、好きか嫌いか――が、ある程度はわかってきます。

「あの人の顔を見ると、虫酸《むしず》が走る」と思ったら、実はその人もこちらを見て、そう思っているのかもしれません。これは心理学でいうところの**「投影」**というもので「そう思ったら、そう思われる」心理です。

実は人相には基本的に観る部分があります。

(1) 額の広さ

(2) 鼻と頬

(3) 口とあご

いわなくてもわかるでしょうが、額は広いほうがいいに決まっています。

しかしそれは若いときのことで、中年以上になると髪の毛が影響してきます。

若い頃、額が狭いと思っていたのに、中年以降に髪の毛が薄くなると、いやが応でも額は広がってくるのです。つまり、額の広さは中年以降、あまり人生に影響しないのです。

鼻の大きさは、一生を通してまったく変わりません。**そこで、鼻は重要視しましょう。顔の中で一番大切、といっても過言ではありません。**

口とあごはどうでしょう?

口の大きさは変わりませんが、周りの肉のつき方で堂々たる口唇になるか、卑しい口唇になるか、大きく変わっていきます。

さらに口には歯が大事になってきます。歯がしっかりしているか、常にきれいに保っているかが、とても大きな問題になります。虫歯で抜けたりしたら、運命は落ち込みます。

そして何よりも大事な箇所はあごです。

中年になって、このあごが小さく尖ってきたら、これからの運命は間違いなく先細ることでしょう。

ゆったりした豊かなあごになるようなら、老後も安心です。

人相というとむずかしそうですが「**口の中とあごの変化**」を見ていけば、将来性がわかっていきます。

ここの形状によって、これからの生活を考えていきましょう。

ポイント

顔を確認して自分のこれからを判断しよう

顔のチェックポイント③　顔色

顔色が暗いと天災またはガン。青白いと病気、悩み。黒っぽいと損失を招く。ピンクや黄系は利益と喜びを表す。ただし赤い発色は働きすぎの疲労。

耳で性格や度胸がわかる

人相というと、耳を外してしまう人がいます。ところが意外なことに、**耳だけ見ても、およその性格がわかってしまいます。**

というのも、耳ほど一人ひとりの位置と形が異なる器官はないからです。

特に女性は目と唇に色彩を加えることで、美しさやセクシーさを強めますが、耳にはせいぜいピアスをつけるくらいで、人工的に変えることはほとんどありません。

それだけに、その人の性格がしっかりわかる部位なのです。

たとえば高さがあります。人によって高低が大分違います。上に突き出た耳や、下に垂れ下がった耳もあります。

横顔の後ろについている耳もあれば、比較的前に位置する耳もあります。

一度大勢の席で、みんなの耳の位置を確認してみましょう。

耳の位置が上についている人は兎の耳に似て、非常に臆病だとわかります。動物に似た耳なので、常に警戒心が強めです。石橋を叩いて渡るタイプと覚えておきましょう。

反対に耳がやや下に位置する人を見てみましょう。落ち着いているように見えるはずです。いわば大将の器です。ことに耳たぶが大きければ、度量も度胸も大きいでしょう。それだけに財産もつくれます。

この耳が後ろについている人は、気むずかしいタイプです。**前から見ると、ピタッと後ろにひっついたように見える耳を貼脳耳《てんのうじ》といいます。こういう人は実にカンの鋭い人です。**

その代表例がプロゴルファー青木功《いさお》（現選手会長）です。こういう人と一緒に組んだら、先行きの見通しを誤るようなことはないでしょう。

顔のチェックポイント④　あご

男のあごは心臓を表す。がっしりしたあごは心臓も運勢も強い。反対に、下あごがこけている男性は虚弱。四角いあごは理屈っぽいが失敗は少ない。

反対に耳が前に位置して、ダンボのように大きく見える耳があります。私がこのタイプですが、人のいうことをよく聴く耳です。

また情報を集める耳ともいえます。昔の江戸町奉行、大岡越前守がこの耳だったといわれますが、一種のマスコミ耳といえるかもしれません。

仮に仲間を募るとき、一人ひとりの性格が異なるほうがいいというのであれば、この耳の形と位置の異なるタイプを集めるといいでしょう。ほかの部位の違いより、正確に判断できると思います。

女性は髪を垂らすと、耳がどの辺にあるか、わからなくなります。そこで男性は自分と彼女の性格がどう違うのか、よくわかりません。

私はそんなときは、髪を上げてもらって、位置を確認しますが、結婚のときなどは、しっかり見ておかなければなりません。

これは人間の身体全体にいえることですが、耳も小より大が幸運です。

それというのも、耳は港であり、小さければ、人生のスタートが小さな港からの出航だ、ということです。

港が小さいとすると、獲れる魚も小さくなります。大きな港から出る船は小舟ではありません。ビジネスも大きくなります。

このように、耳は一番判断しやすい部位なのです。じっくり観察することをおすすめします。

ポイント

相手の耳を観察してタイプを推し量ってみよう

名前や呼ばれ方で運命を決める！

占いは基本的には、古代の無名の占い師によってつくられたものです。西洋占星術にしても東洋占星術にしても、正確に「誰がつくった」という記録はないようです。

西洋占星術でいえば、古代の人々がユーフラテス川の星空や夜明けの姿を見ているうちに、自然にいまの形の原型ができていったのかもしれません。

ところが姓名判断は違います。日本でいえば、庶民が姓をもつようになったのは明治からです。

たとえば私の「櫻井」という名字は、井戸のそばに櫻の木があったので、そう名付けられたに違いありません。

その「櫻」で画数を決めたものが、いまでは「桜」となり、画数が変わってしまいました。そこで無理して旧字体の画数で判断するようにしたのですが、いまの若者は旧字体を知らないため、意味がわからなくなっています。

そこで私はあまりむずかしく考えるのではなく、**文字の意味から性格を推測するようにしています。**

櫻井であれば非常に優しげです。特に「井」は女性と切っても切れない井戸、つまり水です。ふしぎなことに**「水」に関わりのある名字をもつ有名人は女性ファンが多い**のです。

三島由紀夫、小泉進次郎、桑田佳佑、川端康成などなど、ご自分で思い出してみるといいでしょう。私も自分の名字から、女性向けビジネスが向いていると、直観したのです。

「水」に関するものがあれば、「木・森」に関する姓もあり「村・町・市」に関するものもつくられました。さらに「空」も多いのです。

顔のチェックポイント⑤　目

女性の目尻のホクロ、小じわは好色の象徴。瞳の大きい女性も同じ。目がくぼんでいる男は頭脳明晰。瞳をキョロキョロさせない男は成功の可能性大。

つまり私たちの名字は、こういった自然現象から人間のつくった知的産物までを含めて、つくられたといっていいでしょう。

「山・森林」関係の男性は、あまり女性ものに向いていません。不思議なことに男っぽい性格の人が多いのです。

「村・町」とつく人は、知的であり、理屈っぽいかもしれません。しかし一番先端的なタイプでしょう。**「空」に至っては、不思議な力をもっています。**空海はその第一人者です。

この姓名判断で、自分のこれまでの半生を考えてみるのも一法です。

私は名字とビジネスが合っていたので、トクしたほうです。お遊びとして学んでみるのも面白いと思います。

またもう一点、振り返ってみると面白いものがあります。

私たちは名字で呼ばれてきたか、名前で呼ばれてきたか、あるいは前半生を「さん」か「ちゃん」か「くん」か、「先生」「部長」「社長」か、何て呼ばれてきたかで、人間が形成されています。

あなたはどうでしょうか？

すでに54年間で形成されている「自分という人間」は、そう簡単に変われません。

その人格や性格をこれからもうまく活用することが大事でしょう。

54歳という年齢を前に、こういった面からも、後半生の生き方を決めていく必要があります。

私はいまでも「女性ビジネス」に特化していますが、参考にしていただければ幸いです。

ポイント

自分の名前や呼ばれ方を再認識してみよう

コラム 3

夢判断の豆知識

夢そのものが運命を変えることは滅多にないが、夢によって心構えが変わり、それが運命を変えることはある。とらわれすぎる必要はないが、夢の中に出てくる物事が基本的にどんな意味を持っているのかを知っておこう。

行動	追われる夢は不安と恐れ。襲われる夢は抵抗とセックスへの憧れ。落ちる夢は、性を許す自分。隠れる夢は自信がない。化粧はもっとモテたい願望。
下半身	上半身は社会、理性を表すのに対して、下半身は本能を表す。上半身でセックスを表すのは唇と男のひげだけ。下半身の足は性的行動。靴は男のシンボル。
プール	プールは女性の子宮。そこで泳ぐことはセックスを表す。ジェットコースターに乗った夢は、深層心理で恋人を強く求めている。
楽器	打楽器は男、弦楽器は女。激しいドラムで踊っていれば、女性は欲求不満。男がバイオリンを弾いたり聴いたりすれば女性を求めている。
動物	猫の夢は誘惑、媚態。誰か特定の異性を欲している。蝶の夢は浮気。いまの恋人以外を求める願望の表れ。動物に乗る夢はセックスそのものを指す。
凶器	ナイフ、ピストル、剣などは、すべて男のパワーの象徴。女性が見るときは、恐れとともにセックスへの期待と願望強し。男が見るときは欲求不満の代償。
天候	荒れ狂う嵐なら心も荒れている。洪水、地震、雷も同じ。収まれば心は平静になるが、そうでないときは危険。事故、浮気、暴漢などに気をつけること。

次のコラム「宿命数による数字の吉凶」は188ページ！

第8章

第二の人生は人脈が重要

運がない人、運が向く人はここが違う

30年以上企業社会にいると、運のある人、ない人が何となくわかってきます。同期で入った仲間の中で、こいつは将来出世していくな、というタイプは、何となくカンでわかるものです。

常に溌剌《はつらつ》としている。煙草は吸わない。笑顔が多い。酒の席で悪酔いしない。後輩の面倒をよく見ている。文句や悪口は一切いわない。返事の仕方がいい。毎朝出社したときの顔が穏やか。椅子からの立ち方が素早い。上司から呼ばれる回数が多い……まだほかにもあるでしょうが、誰が見ても爽やかな感じの仕事ぶりです。

いま挙げた項目は誰でもできそうに見えます。しかし、それができないのです。毎日社内で気分が一定している人は、家庭においてもうまくいっている証拠です。

社内でも、すべてがうまくいっているわけではありません。失敗もあれば、きびしく叱られることだってあるでしょう。にもかかわらず、**文句や悪口、陰口が出ないということは、人間ができている証拠であり、自信もあるに違いありません。**

これから見ると、怒りっぽく、短気でいつもイライラしているタイプは、誰が見ても運の悪そうなタイプです。上司との仲がうまくいってない証拠であり、将来性がないのは明らかです。

これはどの会社、職場でも同じですが、**仕事ができて運のいい人は、女性社員が早く見つけるようです。**その人が男性であれば、みんな結婚したがるからです。

男女の別なく、特別に大声を出す人、反対に小声の人も、将来性がありません。運というものを、まったく理解していないからです。

仮に職場の全員が大声を出したり、全員がヒソヒソ声で話していたら、その会社はどうなるか——こういう空気が読めていない人間だからです。**自分のことしか考えられない人は、部下を使えません。**必然的に、出世街道は封鎖されてしまうのです。

具体例で示すと、大勢で飲み会をしたとしましょう。このとき、最初の一杯はビー

顔のチェックポイント⑥　口

口の大きい女性は浮気性。大食、大声など、口を大きく動かせばそうなる。口が大きい男は出世運強し。

ルを頼むような社員は出世コースです。これに対し、誰も頼んでいないワインの銘柄や、焼酎の芋だとか麦だとか、これも誰も指定していないものを頼むような社員は、運がありません。

それらを店員がもってくるまで、全員が乾杯を遅らせなければならないからです。さらに悪いことに「遅い！」と、店員を叱りつけるタイプがいます。遅くしたのは自分であって、店員ではありません。こういう社員は「責任を他人に押しつける」タイプだけに、上司は絶対、引き上げないでしょう。

これらは、素質がないというわけではありません。直接、仕事と関係があるわけではないからです。運が悪いというか、運がないのです。しかし**運がない人のほうが、この社会ではソンなのです。**

ポイント

普段の行動で自分の運を変えよう

運命をつかまえた瞬間、逃げられた瞬間

運命の瞬間をつかまえられる人は、常々「同じ」時間や動作を大切にしているといわれます。

私の知っている例でも、毎日ほぼ同じ時刻に家の前を通っている学生、というので、ある企業の社長に認められた若者がいます。

あるいは社内での歩き方、お辞儀の仕方、話し方が一定しているというので、秘書室に抜てきされた女性社員もいます。

50代まで来る間には、何回もの転機があるものです。

もともと運命を変えよう、変えたいと思っていなければいいのですが、**この辺で運を変えたい、運気をつかみたいというのであれば、目配り気配りが大事です。**

顔のチェックポイント⑦　鼻

人柄や先行き運を判断する場合、もっとも注目するべき場所。堂々と大きく、どっしりした鼻は出世する。高くてもほっそりしているとアクシデントに弱い。

もしかすると、チャンスは一瞬しかないのかもしれませんから。

多くの「運命論」を読むと、**大きな転機は20代半ばに1回、30代後半に1回、50代の前半に最後の1回が訪れる**と書かれています。

私の経験では20代半ばはありませんでした。38歳で1回、54歳で1回、72歳で1回の3回です。

人によって、全部あるとはかぎらないのでしょう。

38歳のときは、目の前に3つの転職先が出てきて、決めるときにむずかしい思いをしました。しかし私としてはチャンスをつかまえた、と思いました。

むしろ困難だったのは54歳のときでした。

独立して作家になろうとしたのですが、自分に実力がついていなかったので、周りの人に迷惑をかけてしまったほどでした。

しかし、**転機をつかむには、運命のしっぽをつかまなければなりません。**それも強くつかまなければ、運命の女神は、するりと逃げていってしまうのです。

私の場合は、自信過剰でなかったのが、よかったと思うのです。

いまここで独立しないと、もう年齢的に遅くなってしまう――私は必死に運命の女神の前髪をつかみ、なんとか転機のチャンスを逃がさないですんだのです。

その代わり私は、1日13時間働くことを、運命の神に約束しました。というのも**「作家になるのだったら、毎日13時間、机の前に座っていなさい」**と、親しかった作家の松本清張先生からいわれていたからです。

あとから考えると、これは運命の神様に約束したようなもので、私は忠実に守りつづけたのです。これが幸運をつかまえた実話です。

もし私がこのとき、清張先生に
「毎日13時間なんてムリです。もう少し少なくてもいいのではありませんか?」

といっていたら、どうなったでしょうか?

いま振り返ると、先生の一言は運命の女神の言葉だったのです。

一瞬足を止めたことで凶運から逃れた!

怒りを押さえたことで幸運が訪れた！

一円玉を泥沼から拾い上げた！

などなど、**運命をつかまえるかそれとも逃げられるかは、瞬間の動きであり、とっさの行為です。**

この「とっさの考えと行動」こそ、もっとも重要な転機の運命のつかみ方なのでしょう。

ポイント

運命を変える一瞬のチャンスを逃さないようにしよう

この世の中で危うきものは何か？

定年になるということは、どんなにすばらしいアイデアやチャンスと出会っても、それは、もう使われないということです。

いいえ、定年にならなくても、高齢者の子会社組に入ってしまったら、誰でもそうなります。

転職組ではなく、本当に転職した場合もそうなります。もう自分は、積極的な仕事と無縁になるのです。

この辛さ、恐ろしさは、経験者でないとわかりません。

ひどい表現をすれば、ペットのようなものです。食事は与えられるものの、いつも1人で黙っているだけです。

顔のチェックポイント⑧　眉

眉が濃い人は行動派で、喧嘩っ早い。若くして眉が短いと動物に近くて獰猛で冷酷。薄い人はやや優柔不断。逆八の字の形だと意志が強い。

現在、こういう仕打ちに堪《た》えている人もいるでしょう。できることなら自分の運命は自分で決めたいものです。

ただし、**ここで焦るとよけいに危険な渕《ふち》まで行ってしまうので、じっくり考えましょう。**

私はいつも「**この世の中で危うきものは何か？**」を考えています。できるだけ危うきものに近づかないことです。

たとえば50代まで生きてくるうちに、自分の人生の範疇に入っていない人物とつき合うのは危険です。

たとえその人に悪意はまったくなくとも、です。

「一緒に新しい金融システム、フィンテックを勉強しませんか？」

こんな誘いは非常に意義があるもので、けっして怪しいものではありません。それに将来の資産のことを考えれば、新しい金融システムを勉強する機会を得られるのであれば、ありがたい申し入れといえます。

しかし、これまで定期預金しかしていない人であれば、これは危うい誘いです。

同じくこういう誘いもあります。

「このまま老いるのはいかにも残念なので、1度、一緒にキャバクラというところに行ってみませんか？　私もまだ1回も行ったことがないので」

これもありがたい誘いの1つです。いまの世の中には、キャバクラに行ったことのない男たちは、想像以上に多いのです。

たしかに1回であれば、問題はまったくありません。ところがここで、新しい情報がいろいろ耳に入るのです。

これが身を誤らせる源になるのです。

私は女学の神様といわれているほどなので、この危うさをよく知っています。**中年になってから女の園に近づいたら、破滅の元です。**

また、こんな誘いも来ることがあるでしょう。

「独立するのですか？　それはすばらしい！　ともかくまずその腹が出ているのを引っ込ませなければいけませんね」

顔のチェックポイント⑨　耳

耳たぶが厚く、前のほうで折れていると大金を握る。耳自体も大きいほうがよく、小さい耳だと危険な人生行路をたどる可能性がある。

しかし腹が少し出ていたら独立できない、という法律はありません。

誘う側は好意でいってくれるのですが、これが危うさです。

スポーツクラブに入ったら、周りに若き経営者が何人もいて、使わなくてもいい交際費が出て行ったりします。挙句の果ては無理して、身体を壊してしまうことになりかねません。

これまで近づかなかった世界には、50歳を過ぎたら積極的に関わらないことです。

ポイント

まったく新しい誘いには用心しよう

幸運と不運の星は変わらない！

いまから3年ほど前、階段で足を踏み外して、痛みからまったく動けなくなり、救急車で病院に搬送されたことがあります。

84歳という年齢でもあり、腰を打ってしまったので、もうこれは車椅子生活か、よくて杖をつく生活になるな、と覚悟しました。

しかし幸運なことに膝や腰にひびが入ったわけでもなく、脊椎《せきつい》を階段で打っただけということで、短期間でふつうの生活に戻ることができました。

このとき医師は「脚や膝を打たなくて幸運だった」と説明してくれたのですが、「脚や膝に異常があれば、車椅子生活になりましたよ」

と、笑って退院を見送ってくれたのです。

顔のチェックポイント⑩　人中

鼻から唇にかけて通る溝は女の膣。ここが細い女性は性に奥手。逆に広すぎる女性は落ち着かない恋愛運。人中が長く、上唇に跳ね上がる男女は恋愛運大吉。

私はこのとき、自分の幸運を実感しました。

もしも私が階段を踏み外したとき、脚で支えようとしてしまっていたら、骨が折れた可能性があります。

それを腰から座るように落ちたことで、背骨にひびが入ったものの、数日間でリハビリに入ることができたのです。


私たちは日々、事故や病気、あるいは犯罪と向かい合っており、それは社会生活を営む上で仕方ないことです。

私はその上に中学3年までは、日々米軍の空襲を受けていました。空一面に焼夷弾《しょうい》がバラまかれて、もう最後か、と思ったときもありました。

それを考えると、よく怪我1つせず、この年齢まで元気にやってきたものだと、我ながら感心するくらいです。

あなたもこれまでの人生が、幸運だったか不運だったか、この際、じっくり考えてみてはどうでしょうか？

マンガ『ラッキーマン』には、幸運の星が出てきますが、この幸運の星から光が届かなくなると、ラッキーマンでも、大凶になってしまうようです。

これは現実の私たちの生活にも、非常に似ています。

誰でも幸運に恵まれている人は、必ず幸運の星ともいうべき人が、すぐそばにいるものです。

いいえ、人ではなくペットのこともありますし、幸運の神の場合もあります。あるいは龍神ともいうべき、自然現象とつながっている人さえいるほどです。

私の幸運の星は母だったかもしれません。

母が亡くなったあとは、母同様に私を可愛がってくれた銀座のママや、料亭の女将がいました。

こうして若い頃から幸運に恵まれてきたのですが、あなたはどうですか？

運命学的にいうと、運のいい人は、それがつづくようです。

なぜかというと、運命数でも占星術の星の位置にしても、生年月日でも、姓名でも手相でも、生きている間は変わらないからです。

誕生月による性格① 1月生まれ

意思が強く勤勉。猜疑心に富む。ときに神秘的なタイプも。女性は勝気なせいか、結婚するのは優しい男がよい。

前半生で幸運だった人は、後半生でもその運はつづくのです。

仮にこれまで運があまりなかった人は、これからも無理をしないことです。50代になったから、急に性格が変わったり、突然、人が変わったように積極的になることは、あまりありません。

ここで、自分の性格をしっかり確認してみましょう。

ポイント

自分の運や性格を理解して行動しよう

言葉遣い1つで運命が変わる

2014年に行われた国勢調査の結果によると、50歳まで一度も結婚していない男性は23・4%、女性は14・1%だそうです。もっとも最近のデータですが、男性の未婚者が目立っています。

その理由についてはさまざまですが、一番多いのは「**チャンスがなかった**」というものです。

このチャンスは、もっとも重要な「叩けよ、さらば開かれん」ではありませんが、**自分に自信がないせいか、魚のたくさんいるところに、自分から泳いでいかないからです。**

女性のほうは、自分から近づかなくても、男性側から寄ってきてくれるチャンスが

誕生月による性格② 2月生まれ

神経質で直感力が鋭い。好き嫌いが激しいので人付き合いが狭い傾向がある。その分、寂しがり屋が多い。女性は貞淑でおとなしいタイプが多い。

あるため、未婚率は少ないのでしょうか？

運命は、大胆さによって大きく変わるといわれます。

もし仮に自信がなくても、女性に近づいていったら、女性はその男性を認めるかもしれません。

就活でも、運の悪い受験生は、ドアの叩き方が弱すぎるのです。

私は長年、就活、婚活に携わってきましたが「思います」という言葉を外したら、ずいぶん自信が強くなることでしょう。

「こんな仕事ですが、やれますか？」

「ハイ、もちろんやれます」

こういう問答であれば、試験委員は「頼もしそうだ」という印象を受けて、その人に「A」をつけるでしょう。

ところが、

「ハイ、やれると思います」

と答えたらどうでしょう？

委員は「大丈夫かな？」と疑って「B」にするのではないでしょうか？

「思います」という答え方が、一生の運命を狂わせてしまうのです。

「結婚してください」

「結婚しませんか」

この2つの言葉も強さにおいて、天と地ほどの差があります。

「結婚してください」という言葉の中には、誠実さと強い意思が感じられます。ところが「結婚しませんか」の中には「何か問題が起こったら半々ですよ」といった響きが、なんとなく感じられませんか？

50歳も半ばほどにさしかかった人は、この言葉遣いで成功した人、失敗した人がいるのではないかと私は思います。

仕事上の成功・失敗だけでなく、男女関係でも、夫婦関係でも、親子関係でも同じです。

特にこれくらいの年頃になると、それほどへり下った言葉遣いはしません。年下の

誕生月による性格③　3月生まれ

頭がよく、知識の幅が広い。他人に親切だが、自分から人に頼ることはあまりしない。責任感が強いので信用できる。芸術的才能もある。

人には、少し横柄になりませんか？

まして長年連れ添った夫婦となると、夫も妻も言葉遣いがぞんざいになりがちです。

しかしそこに離婚という不運が潜んでいるのです。

基本的に成功者ほど、言葉が丁寧です。

反対にいうならば、丁寧な言葉遣いをしている人ほど、長生きしても大勢の人が助けてくれるでしょう。

50を過ぎたら、自分の日常の言葉遣いをふり返ってみませんか？

ポイント

丁寧でハッキリした言葉遣いを心がけよう

50代になったら裏人脈を知ろう

「正しい生活をしていたら人生は成功するか」といえば、誰でも首を傾げるでしょう。残念ながら成功者ほど悪いことをしています。億万長者たちは日本に財産を置いていたら税金にもっていかれるというので、国外にもっていっています。

その種の税金対策セミナーがあれば、こっそり金持ちたちは押し寄せます。これは悪事であって、残念ながら正しい一生を送る人はまずほとんどいないのです。

私は週刊誌の編集長を長年務めていましたから、極端にいうと有名人たちの悪い面をよく知っています。

ではなぜそれらの人は、警察に捕まらないのでしょうか？

裏人脈をもっているからです。「**40になったら裏人脈**」という言葉があります。**ど**

誕生月による性格④　4月生まれ

性格は明るく男性的。一国一城の主になる能力を持っていて、友人も敵もつくりやすい。女性はあまり家庭的には恵まれないが、物質運はよい。

んな優良企業でも、40代には裏人脈をもっている社員が出世していくのです。

週刊誌の編集長でも、裏人脈をもっていないと困ることが起こります。そこで警察、検察、弁護士、政治家の秘書、暴力団、整形医、銀座のママ、料亭の女将、不動産業などなど、いわゆる裏人脈といわれる人たちと知り合っていくのですが、これが自分の身を助けるだけでなく、会社を助けることになるのです。

こんな話をすれば誰も近寄ってこないでしょう。しかし会社では、非常に重要な人物です。あなたがこういう裏人脈をもっていたら、絶対、会社はあなたを辞めさせないでしょう。どんな社員より大切な存在なのです。

同じように、これは裏ではありませんが非常に大切な人脈もあります。**病院人脈です。**いまの世の中では「健康」がもっとも大事といってもいいでしょう。医師と病院にツテのある人は、非常に大事です。まさに重要社員です。

私はこの人脈ももっていますが、そうなると、人脈がその人を守るといってもいい過ぎではありません。

50を過ぎたら、というより、**50歳までのビジネス生活30年間のうちに、いかにそういった人脈を形づくるかが大事です。**

最近では、金融関係の裏情報をもっている人たちが大事にされています。まさに裏人脈の最高峰にいる人を知っていれば、怖いものなしです。

私がこの裏人脈の存在を知ったのは、33歳くらいのときでした。たまたまのちのトップクラスの政治家たちと食事をする機会があったのですが、酒を飲みながら驚くべき利権の話をしていたのです。

ということは、彼らにとって、私がマスコミの裏人脈になっている、という認識です。「怖い世界が目の前にあるのだなァ」と思ったのですが、あまり深入りしたくない世界でした。

それでも各界のトップに近づくには、こういう人脈も生きてくるのです。

ポイント

表には出せない人脈も形成しておこう

誕生月による性格⑤　5月生まれ

生まれつき人の上に立つ能力がある。頭脳明晰で収入も多い。そのぶん金銭への執着が強く、嫉妬深いタイプ。女性は初婚で失敗しやすい。

コラム
4

宿命数による数字の吉凶

生年月日を単数化し、足し合わせると、自分の「宿命数」がわかる。たとえば1967年12月27日生まれの人は、まず生まれた年の数字をすべて足し、単数化する（1+9+6+7=23　→　2+3=5）。同じように月（1+2=3）、日（2+7=9）も単数化する。出た3つの数字をすべて足し、単数化する（5+3+9=17　→　1+7=8）。この最後の数字「8」がこの人の宿命数となる。

1	万物の基数であり、無限の可能性を秘めている。人の上に立ち、富貴栄達、長寿の相がある。
2	災難と不安、孤独がやってきて次第に衰運となる数字。“2つに割れる”危険性をもつ。
3	目的や願望が叶い、立身出世または大志大業を遂げる。女性は利発で幸福を得る。
4	神経繊細で心身のバランスを失いやすく、困難に見舞われやすい。
5	富貴がその身に備わっている。とはいえ、極まりすぎると衰運に向かう。欲ばらないこと。
6	平安な一生を過ごす運。家族運に恵まれる。男女関係には誠実なタイプ。
7	初めのうちは困難があっても、忍耐強く努力していけば成功する数字。
8	意志が強い。みんながしり込みする仕事もやり遂げて成功する。しかし攻撃的すぎると凶。
9	芸能、芸術などに天分があるが、中年以後、衰運に向かう危険性がある。勝負は急いだほうがよい。

第9章

自分の資源を徹底的に生かす

信念を貫く人は必ず成功する

私の上司に、黒崎勇《いさむ》という名編集長がいました。かつて「少女」「女性自身」の創刊編集長だった人物です。小さなところは部員に任せていましたが、表紙の色彩についてだけは、自分の信念を貫く人でした。

ここで私は「黒崎レッド」という色彩の信念を叩き込まれたのです。私が継いだ「女性自身」をはじめ「微笑」「新鮮」の表紙の題字は、いずれもM―100、Y―100という「金赤」と呼ばれる色彩で統一され、のちに**「櫻井レッド」**と呼ばれて、周囲の人をあきれさせたのです。

クロード・M・ブリストルの『信念の魔術』（ダイヤモンド社）という名著がありますが、**自分なりの信念をもつことは成功への第一歩となる**、と私は思っています。

とはいえ、その信念には、成功した体験が裏打ちされていなければなりません。ただブリストルがそう書いているからとか、昨日聴いた講演会で講師がそういったから、というだけでは、誰もその言葉を信用してくれません。

それだけに、**「信念」という言葉には長年の経験、体験がこもっているもので、50代にはそれがあります。**多分あなたには、強い信念があるのではないでしょうか？

黒崎勇と同じく私を育ててくれた光文社の神吉《かんき》晴夫元社長は、私が朝一番で社長室に行って「こういう決定をしたいと思います」というと「もう1回、夕方まで考えてこい」と、私の話を聞いてくれませんでした。これは神吉元社長の信念の中に**「夜間に考えたものは暗くなる」**というものがあったからです。

それは晩年になって、私に明かしてくれた信念でしたが、たしかにもう一度、太陽のピカピカ光る昼日中に考え直すと、自分が弱気だったことに気がつくのでした。

いまでも私は深夜まで仕事をしていますが、原稿は書いても、新しいプランは考えません。弱気で暗いものになってしまうからです。

これと同じように、株式投資や投機的な仕事をしている人は夜早く寝る、という話

誕生月による性格⑥　6月生まれ

雄弁で外交手腕もある。勝負事が好きで、ばくちや投機にのめりこむ恐れがある。性格的に飽きっぽく、移り気なので、大成は望まないほうがよい。

を聞いたことがあります。その代わり朝早く定時に起きて数字を読むほうが、正しい感覚が継続する、というのです。まさにその通りでしょう。

というのも夜はアルコールが入っていることもあり、ベッドに入る時間も一定していません。それに、会って話を聞く人も毎日違うでしょうし、頭の中は毎日一定ではありません。

ところが午前4時に起きて、熱いお湯に入ったとすれば、頭の中もきちんと整理されています。お金を扱う人だけでなく、患者の手術をする医師も、正しく早朝からスタートできる人のほうが安心だといわれます。

信念を貫くには、それだけの日常生活の正しさが必要な気がします。

ポイント

自分の信念を確認し、それを貫こう

親から受け継いだものを確認する

私たちは誰でも、平等に生まれてきたわけではありません。大富豪の家に生まれてきた人と貧しい家庭に生まれてきた人とでは、資金や人脈が大きく異なります。

そこで最終的な成功といっても、人によってまったく成功の度合い、レベルが違って当然でしょう。

もっとわかりやすくいえば、**親から受け継いだものを100としたら、120〜150にしないと成功したとはいえないでしょう。**これに対し10しか受け継いでいなければ、30にふやしただけで成功者です。そこでまず、親や先祖から受け継いだものを考えてみましょう。

私の父親は小さな町工場の技術者でしたが、40代で死んでいます。その後、母親の

誕生月による性格⑦　7月生まれ

感受性、創造性、企画・発明の才能がある。生来の新しいもの好き。金銭面では苦労しないが、将来を案じすぎてイライラすることも。

か細い腕で育てられたものですから、受け継いだものは、何もありませんでした。

その後、30代になって「女性自身」の編集長となり、初めてテレビに出演したときのことです。母は近所の人たちをテレビの前に誘って涙でお礼をいった、というエピソードがあります。そんな私ですから、とりあえず櫻井家の名前を弘《ひろ》めたというだけで、大成功といえるでしょう。

このように考えると、意外に気がラクになるのではないでしょうか？　第二の人生を輝かせるといっても、何も起業したり、出世することばかりを狙う必要はありません。

親やきょうだいの立ち位置を確認すれば、これからの自分がどの程度働くべきか、どのレベルに達するべきか――それがわかると思います。

無理する必要はありません。もし80歳くらいまで、何とかやっていけるくらいの貯金があるとしたら、それを使ってまで、新しい仕事をするのは考えものです。

それでもしっかりと一生を終えられるのであれば、いまの世の中では大成功でしょう。現在の日本の状況からすると――

（1）70歳を越えて80歳まで、ベッド生活を送らない

（2）70歳まで年金をもらわない
（3）70歳まで、少額でも働いた金が入る
（4）70歳までは他人の世話にならない

私はこれを自分で「**4×70方式**」と呼んでいます。この4点をクリアできれば、親から受け継いだものを十分広げた、といえるのではないでしょうか？

現在の年金制度では、65歳が規準になっているので、70歳まで繰り下げると規準額の42％が増額されます。こうして健康から収入まで70歳を原点にすると、悠々たる老後になるのではないでしょうか？

54歳はその覚悟を決意するのに、もっとも適している年齢です。健康法1つ取っても、この年から始めれば、なんとか間に合うでしょう。

ポイント

家族の状況から自分の目指すレベルを確認しよう

誕生月による性格⑧　8月生まれ

友情、愛情に厚く、人助けをするタイプ。そのぶん、自分が損をすることがある。概して派手、ぜいたく、虚栄心の強い人が多い。

自分の資源を再確認する

54歳にもなると、相当疲れが溜まっていませんか？

私の経験では、この年齢が大きな分岐点です。

「もう新しい仕事は任せられない」というタイプと「これから大きな仕事が任せられる」タイプに分かれるものです。

すでに体力と知力を使い果たしてしまったか、これからが本番か——毎日見ていれば、誰でもわかるものです。

そこで自分自身の資源を棚卸しして、調べてみましょう。それによって、この年齢以後の働き方がわかってきます。

（1）身体に手術の痕《あと》がないか
（2）年上に可愛がられているか
（3）異性から誘われるか
（4）スピードと耐久力があるか
（5）特技が3つ以上あるか
（6）酒量や食事量がふえているか
（7）ニュースに敏感か

あなたはこの7つの項目の中で、イエスがいくつあるでしょうか？

7つすべてに「イエス」と答えられれば、54歳以後の人生は積極的に進むべきです。

逆に全部「ノー」であれば、できるだけ危険のない道を歩くべきです。

半分ほどがイエス、あるいはノーというのであれば、誰かに相談すべきです。半々の人は、うっかり自分だけの判断で動くと、取り返しのつかないこともあります。

誕生月による性格⑨　9月生まれ

男は経済観念が発達し、企業や商売が向いている。常識的で、人の模範になるタイプ。女性は理想的な妻・母になるが、不倫関係に陥る人も。

まず「手術の痕」ですが、**この年までに何か手術をしたとなると、健康が不安になるかもしれません。**もっとも手術の種類にもよりますが、そこをじっくり考えてみましょう。

この年で年上に可愛がられる人は、実力があると見ていいでしょう。使えない人はとっくに捨てられているはずですから。もしかするとすばらしい人脈の1人かもしれません。

異性から誘われるというのは、この年で、艶《つや》と力があるということです。特に女性から誘われる男性は、金と力の両方が備わっていると見ることができます。

スピードと耐久力は、仕事の本筋です。手早く片づける能力と我慢する心は、経営者としても大事なものです。

特技が3つ以上あれば、申し分ありません。囲碁将棋でもいいし、ゴルフ、書道でもかまいません。私はこれに天ぷらを揚げる特技をもっているので、仕事がスムーズに運びます。

酒量や食事の量が減りはじめた人は、もう体力と健康が下り坂です。せめて60歳までは、飲食の時間を楽しみにしたいものです。

最後に重要なのは、ニュースへの敏感力です。これが衰えてきたら、新しい仕事は100%不可能です。それこそ100歳まで、毎日の新しいニュースに敏感でなくてはなりません。

新聞、テレビその他、その人なりに新しい情報を手に入れる工夫をすべきです。これで自分の最新資源を知って、第二の人生の歩き方を決めることです。

ポイント

自分の体力と知力が衰えていないかチェックしよう

誕生月による性格⑩　10月生まれ

法律、医学で名をなす男が多く、正義感と知識欲が旺盛。ただしこの月生まれは2種類いて、冒険や浪費を好み波乱に満ちた人もいる。

常識を捨て反常識を拾う

あなたは1日3食を常識と思っていませんか？

8時間から9時間眠るのも常識と思っていませんか？

牛肉、豚肉、馬肉を食べるのも常識と思っていることでしょう。冬になったら、奥さんに毛皮のコートか襟《えり》巻きを、買ってやりたいと思っていませんか？

残念ながらこれらはすべて常識とはいえません。というより、**いまのうちからこれらの「常識」を捨て、反常識、非常識を取り入れましょう。**

私は現在1日4食です。朝、昼、晩のほかに深夜食を軽く摂《と》ります。というのも朝食が10時頃なので、夕食からあまりに時間が空きすぎるからです。

反対に昔の人は2食でした。これは灯りがもったいないので、夕食を食べたら寝るしかありません。こうして朝食を摂ったら、夕食まで働くわけです。

現代と違い、歩くのが基本で、人を訪ねるだけでも相当時間がかかります。お昼ご飯など食べていたら、働く時間がなくなってしまうからです。

現在は3食では足りないほど、朝早くから夜遅くまで働くだけでなく遊び時間もふえました。そうなると8時間も9時間も眠る時間がなくなる人もいます。

私もその1人で、**午前3時に寝るのがふつうですから、勢い睡眠時間は少なくなります。**調査によると7時間から7時間半が平均睡眠時間のようですが、もしかすると、もっと短くなることも考えられます。

それよりはるかに大事なことは、**牛肉や豚肉、馬肉を食べるのが当たり前と思っていたら、10年先には食べるものがなくなるかもしれない**ということです。

というのも、現在「フード左翼」と呼ばれる人々がおり、これらの人々は「ヴィーガン」と呼ばれています。「絶対菜食主義者」という意味で、肉や魚、卵、チーズ、

誕生月による性格⑪　11月生まれ

強烈な性格の持ち主が多く、徹底的にやらないと気がすまない。戦略、作戦が巧みで、トップより参謀型。悪巧みに才覚を発揮することもある。

バターなど一切口に入れません。さらに彼らは自分が野菜しか食べないということだけではありません。人間は動物を搾取することなく生きるべきだというので、フランスのパリでは、食肉処理で生計を立てている店舗が、ヴィーガンによって襲撃を受けている状況です。

すでにファッションから毛皮はなくなり始めています。ヴァレンチノ、ディオール、プラダはまだ宣言していませんが、グッチ、アルマーニ、カルバン・クライン、ラルフローレンも「本物の毛皮は今後一切使わない」と宣言しています。

日本でも高級牛肉店がヴィーガンたちから狙われている、という話も聞きます。「まさか」と思いますが、いまの世の中は常識では計れません。最先端の情報を知っていないと、これからのビジネスはやっていけないと思うのです。

いまの常識を疑ってかかりましょう。

ポイント

情報を集め、これまでの常識を疑おう

サロンや勉強会をつくろう

成功する人は基本的に、すべてにオープンです。それは心が広いということでもありますが、**多くのファンをもつ力を大事にする**、ということでもあります。

どんな仕事でも、1人で成し遂げられるものはごくごくかぎられています。現在では作家といえども、多くのファンからネタを仕入れたり、情報を提供してもらったりしています。

まして会社となると、数人でスタートしても、大きく伸びるところは、情報や考え方をオープンにするものです。中には社長が、自分の私生活までオープンにすることもあり、ファン層を広げています。

いまの時代は、自分のファン層をもつ、弟子や支援者たちを広げる、という気持ち

誕生月による性格⑫　12月生まれ

冬生まれだが積極的。特定の上司の引き立てを受け、成功する。多くの人との付き合いが苦手で、多少無遠慮なところがあり、他人によく思われない。

を保たないと、成功の確率は高くなりません。Youtubeの再生数を多くする、メールアドレスをたくさん集めるなど、手を打たなければなりません。

最初は「多くする、集める」という形ではなく、参加して勉強するほうがいいでしょう。これがうまくいけば、さまざまな仕事に応用できます。自分やサロンの特性を知っていただければ、ファンを形づくることができるからです。

私は「櫻井のすべて」「ごん×櫻井のモテモテ塾」といったオンラインサロンをつくっています。これにより数百人単位の会員、ファンをもっています。

くわしくはネットで調べていただければ、すぐわかります。このほかにも「早稲田運命学研究会」を初めとする勉強会を開いています。これらの出席者の中には、ご自分でサロンや勉強会を開いている人もいるのです。

無名であってもサロンや勉強会は開けます。中には私よりメールアドレスを多くもっている人もおり、十分収入を獲得する力を保っています。

「そんなことといわれても、自分にはできない」という人も多いことでしょう。そういう人は何をしてもムリです。

そうだとしたら、第一の人生から第二の人生に移るときに、ムリは禁物です。むしろ消極的に小さく生きることを考えなければなりません。そしてそのほうが、失うものが少ないでしょう。

最終的に「健康と金銭」という成功を手に入れるには、冒険心がなければなりません。ともかくどんな人でも、後半の人生は1人になるのです。

1人でも積極的に動ける人は、小さくとも危険を賭けなければなりません。私も銀行から融資を受けましたが、返せなかったときを想像するとゾッとします。

しかし**最後には、自分自身の力を信じることのできる人が、危険水域を超えて、あちらの岸に到達できるのです。**あなたも自分自身の「広げる力」をじっくり考えてみましょう。

ポイント

自分をオープンにしてファンをつくろう

運を味方につける①

月に上旬、中旬、下旬があるように、人も1ヵ月の中で旬がある。多くの人は上旬か下旬が元気なので、中旬に活気を示すと上役に認められる確率が高い。

「お金を儲ける」という考え方に徹する

いまの世の中は、出世するよりお金儲けのほうが成功に近づきます。出世しても仕事が益々忙しくなるだけです。それに、やっと出世したと思ったら、その業種が不振に陥ることもないとはいえません。

名刺上の肩書は、その意味では真の成功とは一致しないのです。まして現在のように若い人がいくつも会社を創る社会になると、部長や社長の肩書が軽くなるものです。「長」と名のつく肩書は、吹けば飛ぶようなものになりかねません。

もちろん若くして得た肩書は、それなりの効果を発揮します。しかし**50代の肩書はそれほど強力なものではありません。**まして「週刊サンケイ」の記事を読むと、50代で肩書のないビジネスマンが非常にふえているとのことです。ひら社員のまま定年を迎えると、退職金の額にも影響するので、肩書が欲しいところですが、それらはすべて「金」とつながっている話です。

50歳を過ぎたら、誰でもお金の価値を、否応なく知ることになります。そこで**お金を得たい、儲けたいとなるのですが、それはすばらしい考え方です。**

ただしここで重要なところは「**ケチになるな**」という1点です。ケチをしてもお金は儲かりません。節約にはなりますが、儲かることにはならないのです。

実はこの1点が、非常に大きなところです。

ケチには冒険はありません。出る金を制するわけですから、一種の内部保留です。使わないのですから、たしかに蓄まりますが、それで人生の第2期を過ごせる額にはならないでしょう。

儲ける場合は蓄える金額より大きくなるのがふつうです。そこには万一の場合、損失が出ます。しかし儲けるからには、失敗も覚悟しなければならないでしょう。**この失敗を覚悟できるかどうかが、54歳の決断です。**

運を味方につける②　家相1

家相をよくするには（1）衛生面を整える（2）経済的負担が重くない（3）教育面で害がない（4）安全性が高い（5）職業に合っている　が大切。

とはいえ、失敗せずに、儲ける方法もないわけではありません。現在大きな利益を得ている人は、それほどの危険を渡っているわけではないのです。

彼らは「儲」の字を「信者」と考えて、熱心な信者からファンまで、大勢集めています。ネット上だけでなく、現実の熱烈なファンをふやしつづけています。講演会をやれば、万単位で集客できる人もいます。あるいはスピリチュアルファン層をもつ人もいます。

新宗教の信者数も、非常に大きいものがあります。最近はスポーツ関係でも熱烈なファン層をもっている人も少なくありません。

小さなファン層でもいいのです。とにかくあなた独自の信者をつくるのです。占いを勉強してもいいでしょう。料理づくりもすばらしい方法です。50代からでも十分に間に合います。一歩踏み出してみませんか?

ポイント

出世より「お金儲け」を意識しよう

最終章

54歳から生活を急上昇させる毎日

きれいとは丁寧に生きること

これは特に中高年男性にいいたい点ですが、スーツを着ている姿を見ると、パンツの幅が広すぎませんか？

では古いスーツを着ているのかと思ってしまいますが、そうではなく、あまりスリムな型は着られない、という男性が多いのだとか。

実際よく見ると、たしかに若者のパンツ幅より、大分太いようです。もちろん私も、さすがに若者と同じ裾幅のものは、1、2着しかもっていませんが、太いスタイルのものは、始末してしまいました。

これは一例ですが、中高年になると髪型から鞄、靴まで、ファッショナブルな面をあきらめてしまう男性が多いようです。中年太りなので恥ずかしいのかもしれません。またファッションに手間ひまかける時間がない、ということを見せつけているようにも思えます。

しかしそれでは、ビジネス年齢を自分から縮めているように思います。私の髪型は美容院ですが、決まった女性にお願いしています。それも店長クラスの人物にお願いしています。

不思議なことに、男性美容師ではうまくいきません。

なぜでしょうか?

男性だと、心のどこかに「こんな年寄りがおしゃれしたって」というマイナス思考が出ることと、自分の父親を思い出すのか「60歳以上はもう年寄り」という古い考えを捨て切れません。

その点、女性の美容師は「お客様を1歳でも若く見せてさし上げたい」という気持ちが出るようです。もちろん、これは私の長年の体験ですから、そうでない男性美容師もいるでしょうが。

運を味方につける③　家相2

この世は陰と陽のバランスがとれている。家にも表口と裏口、明るい場所と暗い場所、暖かい場所とつめたい場所をつくることで気の流れがよくなる。

それともう一点。女性美容師に髪の毛をいじられるだけでも、中年以上の男性は若返ります。

渡辺ゆきよさんの『きれいでなければ稼げません』(WAVE出版刊)という1冊には**「丁寧に生きることが大切」**と書かれています。これは中高年の人にぴたりと合う言葉のように思います。

特に、50歳を過ぎた男たちは「きれい」という生き方に、無頓着になっています。中には不精ひげでも平気な人もいるほどで、とても丁寧な手入れをしているとは思えません。

彼女にいわせると「パッと見のきれいさも大事」ということですが、まさにその通りです。**ほとんどの場合、私たちは直感で「好き嫌い」や「できるできない」の判断をするといいます。**

男女の愛でも、初対面から1時間たってから「この人が好き」といったことは絶対ないのです。ほとんどは一目惚れであって、だからこそ「パッと見」こそ、もっとも大事な瞬間です。

人に関わりのあることは、プライベートでもビジネスでも、上昇するときは、急上昇することが多いものです。人に関わらない場合はコツコツ働くことで、生活がラクになるのは緩やかです。

ところが**ある人に突然見初められたとか、ほめられたということで、わずかな日数で成績が急上昇することは珍しくありません。**

50代になったら人づき合い、人間関係を濃厚にしていくことです。これが急上昇のポイントです。

ポイント

身だしなみを整え、第一印象をよくしよう

運を味方につける④　家選び1

まず「何を中心に選ぶか」を考える。一間しかない家の場合、自分の場所をどこにするか考える。

「木を植えた男」は私たちのモデリング

大分前になりますが、『木を植えた男』というアニメ映画がありました。本にもなっていますが、荒れ果てた不毛の土地にひたすら木を植えつづけ、遂には森にした羊飼いの男の物語です。

原作はジャン・ジオノの小説で、一説には、似た人物が現実に生きていたともいわれています。

この物語によると1913年、主人公は羊飼いの男が55歳のときに出会ったことになっています。

男は3年前から荒れた土地に、どんぐりの実を丹念に植えはじめたといいます。そして32年後の1945年、第2次大戦が終わった年に再会したのですが、このときは荒れ果てた土地が、広大な緑したたる森の姿に変わっていたというのです。

このとき羊飼いの男は87歳になっており、その2年後、89歳で安らかに眠りについたのです。

この物語を年齢で辿《たど》っていくと、**荒れ果てた野にどんぐりの実を植えはじめたのは52歳のときです。**

87歳のときに再会したときは、その荒地が森林になっていたといいますから、35年後のことです。

現在、私たちの平均寿命は女性で87歳です。男性は約80歳ですが、それでも54歳から新しい事を起こせば、27年間あります。

私のように87歳でピンピンしていたら、この物語の羊飼いと、同じ仕事ができることになるのです。

また、別の観点から考えてみましょう。

私たちは誰でも技術に憧れます。フロリダ州立大学のアンダース・エリクソン博士

運を味方につける⑤　家選び2

「昼型か夜型か」も重要。夜の仕事をしているなら、同じような職業や立場の人たちがいる地域に住むことで、闘争心を持ち、運気を高められる。

らの研究結果から、プロレベルのスキルに到達するには「**1万時間練習すればいい**」という説があります。

これはその後、いろいろな研究家によって「一人ひとりの向き不向きがある」という理由から否定されました。

それは当然ですが、しかし**1万時間懸命にスキルを磨いたら、誰でもそこその記録にまで到達できることはたしかです。**

こういった話を総合すると、**運命の分岐点となる54歳という年齢は、これからさまざまなことができる**ことを示しています。

しかし、この年齢前後の人は「もう自分の人生はほぼ終わった」と思っているかもしれません。

実はその考え方は「結婚→子どもの成長」理論から出ています。古い結婚理論によると、男30歳、女25歳を平均すると、4年以内に子ができたとき、54歳と49歳で、子は成人式を迎える計算になります。

つまりそれで最低限のお役目は果たした、と考えるのでしょう。

しかしこれからは違います。

ソロ社会になることは間違いないのです。そうだとすれば、80代まで生きて、生きた証を残さなければなりません。

何を残すかは人それぞれですが、そのためにも、引退は早くても70歳と考えるべきです。

さあ、あなたは何をこれから残すのでしょうか？　前途は洋々です！

ポイント

スキルを磨き80代まで生きた証を残そう

運を味方につける⑥　家選び3

「音」も重要。小さな音でも、それが終日つづく環境はよくない。電車や学校の音はうるさいが、終日つづくわけではないのでマイナスとはいえない。

セミナー、講演に参加してみる

第二の人生に成功するか失敗するかの差は、たった1つ。**自分の情報、知識、思考法が古いか新しいか**、という点です。もっと強くいえば「**より新しくなければならない」と焦っているくらいの人のほうが、成功の確率は高いでしょう。**

現在、日本経済を支えている経営者は50代、60代の方々です。これらの人々はすでに成功者ですから、何の心配も問題もありません。

ところがそれらの経営者に使われている同世代の人たちは、成功のおこぼれにあずかっているだけです。おこぼれがいつなくなるか、まったくわかりません。

心配なのはこれらの人々なのです。なぜなら知識も情報も人脈も古くて、実際の使いものにはならないからです。さらに、自分ではそれほど古臭いとは思っていないところが危険なのです。

これに対して、これからの日本を担う経営者は38歳から42歳だといわれています。

これらの若手経営者は、これまで誰も見ていない事業に挑んでいます。

こういう、**最先端のアイデアをもつ若者のところで揉まれてきた中年層は、遅れてはいけないと、常にセミナーや講演会に出席しています。**彼らは自分が最先端事業に挑む必要はありません。ただ、どういう事業、どういう経営者がすぐれているかを肌で感じているのです。

私は50代くらいの人に「**肌で感じなさい**」とよくいいます。これは「対面して説教してはダメだよ」ということでもあります。横に座って話せば、2人の肌や身体が触ることがあります。これで互いにわかり合えることがあります。

これから50代に入って、第二の人生を生きていく人は、第一の人生の教訓など話すべきではありません。

話すのであれば、自分が参加しているセミナーや講演の内容や、新しい知識を与えるべきなのです。

運を味方につける⑦　家選び4

最寄り駅からの通り道にも注意。泥道がつづくところを通るようでは、住む人の運気はいっぺんに下がる。

仮にそういう日常を送っていたら、若い人のほうからついてくることでしょう。

50代から成功するということは、これからどういう社会になるかを知ることであり、そのための勉強をすることだ、と思っています。

私は57歳のとき、1年間だけ大正大学に仏教の勉強に通ったことがあります。友人の五木寛之さんが52歳で京都の龍谷大学に勉強に行ったので、私も後を追ったのです。これは宗教時代がくることを、肌で知るべきだと思ったからでした。こういう積極性のある50代であって欲しいのです。

こうすることで、若さと新しい知識が体内にみなぎります。そして自分で行動する50代の先輩に、若い人たちがついてくるのです。こうすることで、再び急上昇すると思うのです。

ポイント

若さと新しい知識を肌で感じて取り込もう

ツキを呼べる日や時間をつくる

春は3回、夏季は6回、秋季に1回、冬は寒いので休止――。これは性の回数を指しますが、恐らく50を過ぎると、多くの男女はこんなものではないでしょうか？

しかし中国の皇帝は、これを一晩でこなさなければ地位を保てなかったという説もあります。愛妾《あいしょう》3千人を抱える身では、庶民の楽しみも辛さに転じます。

この**「3・6・1・0」という回数は、さまざまに活用できます。**

私はプランを考えるとき午前3本、午後6本、夜は1本、深夜は0という計算で、長年やってきました。

夜に考えたプランは、どうしても暗いものになりがちです。昼間は恋愛、結婚のプランが出ても、夜になると失恋、離婚、不倫といった暗いプランが出るものです。

運を味方につける⑧　家選び5

「友人が訪ねてきやすい」。友人が来なくなるのは運気の面では下り坂。駅から近い、バスがある、コンビニがあるなどの条件があるとよい。

「起業するぞ！」とプランを立案しはじめると、午後の時間が一番、積極的で大胆なプランが続々と出るものです。

人間の体内も脳内も、夏季という季節がもっとも活発に動く季節で、同時に1日で考えれば、午後がもっとも仕事が進む時間なのだと私は信じています。

このため暦で六曜を見るときにも、これは私だけの方法ですが、大安の日は当然として、先勝《せんしょう》の日より先負《せんぶ》の日を選んでいろいろ決断します。

ご存じのように、先勝は午前が吉の日という意味であり、先負は午後が吉の日です。大安は午前でも午後でも1日中吉がつづくので、時間にこだわることはありません。

こういった縁起事は、自分のことだけ考えている人には、バカバカしく感じられることでしょう。

ところが、世間はそう単純ではありません。世の中にはさまざまな人がいて、この六曜を重要視する高齢者は非常に多いのです。

他人の力を少しでも借りたい、ということであれば、ほかの占いは無視しても、この六曜だけは、しっかり頭に叩き込んでおかなくてはなりません。特に京都では大切にされていますから、注意が必要でしょう。

元に戻って中国の皇帝の場合、もっとも大切にしていた愛妾は秋に巡る女性だったに違いありません。一晩中愛されるのですから、役人もこの寵姫《ちょうき》を大切にしたことでしょう。逆に夏に足を運ぶ愛妾は、少ない時間しか足を止めてくれないので、まず力をもつことは不可能だったでしょう。

私たちは春夏秋冬によって、あるいは1日の時間によって、運をつかむことができますし、運を逃すことになります。

松本清張先生は日曜日に訪問する編集者を好むので、私は日曜日をすべて空けておき、いつでも先生のご要望に合わせられるようにしたものです。これによって、もっとも親しい仲になったのです。季節、曜日、時間は想像以上に大切です。これによってツキを呼べることになるのですから。

ポイント

ツキを呼ぶために時期やタイミングにこだわろう

生きた証を残すため大胆に生きる

私が作家担当の編集者をしていた頃は「第三の新人」と呼ばれる、戦後に大活躍した作家が台頭してきた時代でした。吉行淳之介、遠藤周作、安岡章太郎たちは全員芥川賞を受賞しています。

私はこれらの人々に揉まれながら、その次の時代を背負った松本清張、五味康祐《やすすけ》、檀一雄、三島由紀夫、渡辺淳一といった作家たちとつき合ったのですが、この中には、人から何といわれようと、わが道を進んですばらしい作品を残した作家が大勢います。

このとき私はこれらの作家たちから、

「櫻井君、いい人生を送ろうと思ってはいけない。何でもいいから、自分が生きた証を残す人生を往け」

といわれつづけました。これは若い私にとって衝撃的で、すばらしい教訓でした。私自身、編集者になったからには出版社の社長になろうと思っていたのですが、作家たちはこういうのでした。

「そうではない。それも1つの道だけれど、それだと、最後になれなかったら、悔いを残すぞ」

彼らの作品に賭ける姿勢は、一般的に考えるとふつうではありません。作品のために妻を裏切る人もいました。私はその手助けをしたこともあります。

しかしすごいと思ったのは、作家の妻たちです。じっと我慢していたのか、夫に名作を書かせることに人生を賭けていたのか。当時の私にはわかりませんでしたが、いまわかることは、夫婦ともども名作を残すことに賭けていたのです。

いまの女性には、夫が自分をかまってくれないというので離婚する妻がいます。当然です。そう思えば、自分の幸せのために別れるべきでしょう。しかし**「自分をかまってくれない」**理由が、**夫の人生を貫く仕事のためであったら、大目に見てやるのは**

運を味方につける⑨　好み

身につける衣類の色など、自分の好みで選んでいたものをほかの人に選んでもらうようにするなど、色や柄を変えるだけでも運気をいったん変化させられる。

どうでしょうか。

檀一雄は『火宅の人』という名作を書きましたし、渡辺淳一は銀座のクラブのホステスとの情事を描いて『失楽園』『化身』などの名作を残しました。三島由紀夫は日本という国の前途を憂いて『憂国』『豊饒の海』を書いて、割腹自殺しました。有名作家の夫人たちは、これらの名作ができ上がるのを、ただ見ていたわけではありません。側面から援助していたのです。

なんというすばらしい伴侶でしょうか？　**私たちも本気で人生を切り拓くためには、この「わが道を往く」精神がなくてはダメでしょう。**この精神をもっているならば、後半生が輝かしいものになるのではないでしょうか？

私もこれらの作家から教えられた生き方で、これまで生きてきました。あなたもやり遂げてみませんか？

ポイント

人生に悔いを残さぬよう、わが道を往こう

年齢、数字を入れる毎日を送る！

第二の人生では結果が大事になります。

第一の人生は、いわば実験期間でもあります。実験の結果がうまくいかなくとも、殺されるわけではありません。

この道を歩いて失敗したら、別の道を往けばいいのです。

もちろん、あまりにも失敗つづきでは周囲の人から信頼を失いますが、若者らしい失敗であれば許されると思います。これは、第一の人生は周囲から守られている時期だということです。

ところが、**第二の人生に入るともう他人は面倒を見てくれません。**

会社は「そろそろ退職の時期ですよ。用意をしてください」という態度に変わって

運を味方につける⑩　口癖

「今度」「次の機会に」「できるだけ」「いつか」「時間があれば」という話をする人間と一緒にいると運気が下降する。

きます。

つまり子どもの頃、親から「もう勉強の面倒を見てやれないから、自分で将来のことを考えなさい」といわれた時期と同じ状況になるのです。

子どもの頃は、その時期を18歳と考える人もいました。中には成人の20歳とのんびりしていた人もいます。ところがその成人も、２０２２年からは一律で18歳となるのです。

この年になってから今後のことを考えたのでは遅すぎますし、ほかの友人たちに遅れを取ります。

中学2年の14歳で「どこの大学に行って、どういう職業を選ぶか」を決めないと到底間に合いません。中学1年から将来の自分の職業を決めている人も、少なくないのです。

第二の人生に突入する54歳は、もう待ったなしの老後の生き方を決めなければ間に合いません。

ここではすべてが数字によって支配されることになります。何歳、何年、何百万円と、常に数字がついて回るのです。

何歳まで生きるか。

何歳まで健康で働くか。

1ヵ月いくらの生活費で過ごすか。

貯蓄を何年間、何十年使いつづけるか。

1ヵ月いくらの収入を得るか。

年金はいくらもらえるか、それを60歳、65歳、70歳のいつもらうか。

保険に加入するか……考えるのは、すべて数字です。

これをいい加減にしたら、第二の人生は破滅です。それほどシビアなのです。反対にいうと、これをしっかり考えられる人は、第二の人生で急上昇します。

第一の人生で得たビジネス上の知恵を、第二の人生で花咲かせましょう。54歳からだったら十分間に合うし、大輪の花が咲くと思います。

54歳なら、そのための勉強の時間は十分ありますし、テスト期間も持てます。思い

運を味方につける⑪　10秒決断

2人1組でいろいろな質問を投げかけ、すべてに「イエス」か「ノー」かを10秒で答えるトレーニング。次第にカンの働きが活発になっていく。

きって、自分1人の力でやってみましょう。そうしないと、いつまでも人を頼ってしまいます。

これだけは重要ですが、第二の人生では人を頼れません。

むしろあちらから「助けてあげましょう」といってくれるような生き方を、早くからつづけることが大事です。さあ今日からスタートです!!

ポイント

結果と数字にこだわって生き方を決めよう

著者プロフィール

櫻井秀勲（さくらい・ひでのり）

1931年、東京生まれ。東京外国語大学を卒業後、光文社に入社。大衆小説誌「面白倶楽部」に配属され、松本清張、遠藤周作、川端康成、三島由紀夫、幸田文など文学史に名を残す作家と親交を持った。31歳で週刊「女性自身」の編集長に抜擢され、毎週100万部発行の人気週刊誌に育て上げた。55歳での独立を機に作家デビュー。女性心理、生き方、仕事術、恋愛、結婚、運命、占術など多くのジャンルで執筆。その著作数は220冊を超えた。複数のオンランサロンを開設し、YouTuberとしても配信、活動している。

櫻井秀勲公式ホームページ
https://sakuweb.jp/

老後の運命は54歳で決まる！
第二の人生で成功をつかむ人の法則

2019年1月1日　第1刷発行
2022年10月19日　第8刷発行

著　者　　櫻井秀勲

発行人　　岡村季子
発行所　　きずな出版
東京都新宿区白銀町1-13　〒162-0816
電話03-3260-0391　振替00160-2-633551
http://www.kizuna-pub.jp/

印刷・製本　　モリモト印刷

ISBN978-4-86663-057-1

きずな出版